中国の上場会社と
大株主の影響力
──構造と実態──

董　光哲 著

文眞堂

はしがき

　本書のテーマは，中国の上場会社における取締役会と監査役会に焦点を当てながら，上場会社に対する大株主の影響力の実態を明らかにすることである。

　中国の経済体制移行の過程において，国有企業改革はつねに中心的な位置に置かれた。その国有企業改革の有効な手段として登場したのが株式制の導入である。株式制の導入の背景は「現代企業制度の確立」に他ならない。その特徴として「財産権の確立」「権限と責任の明確化」「政府と企業の分離」「科学的企業管理」である。そして，株式制の導入により，資金調達の多元化が図られ，優れた経営管理システム，合理的な企業統治構造の構築を実現することである。

　中国では1997年の中国共産党第十五回大会の決定から株式制を本格的に導入して，既に20年になっている。2017年3月13日時点で上海証券取引所には1231社，深圳証券取引所には1921社の会社が上場している（香港，及び海外証券取引所に上場している会社は含まない）。株式制を導入する際に，中国は先進諸国，特にアメリカ，ドイツ，日本の企業統治構造モデルとその経験を参考にしながら，最も合理的だと思われる中国版の企業統治モデルを構築したといえる。ドイツのように二層制システムをとりながら，上場会社においてはアメリカのように取締役会内部に各種専門委員会の設置を義務付けると同時に，独立取締役の導入も義務化されている。また，ドイツの「共同決定法」制度のように，監査役会には従業員代表を入れなければならないことやその割合についても，『公司法』で明確に定められている。総じて，中国における企業統治は行政部門（政府部門）の制度・法規などの制定による「命令と管理」によって進められたといえるのである。

　但し，歴史的背景，政治的背景により中国の上場会社には独特な特徴が見

られることに注目しなければならない。その特徴の1つが集中的株式所有構造である。集中的株式所有構造のもとで，多くの取締役と監査役が大株主から派遣されているのである。こうした背景のもとで，中国の上場会社では「大株主支配モデル（big shareholder control model）」「内部者支配モデル（insider control model）」が指摘されている。さらに，大株主による中小株主の権益を害するなどの不祥事問題が生じている。つまり，この点に企業統治問題が注目されるのである。

　社会の組織体である企業として，健全な企業経営を行うことは，企業を取り巻くステークホルダー（利害関係者）や社会的存在として，極めて重要なことである。これまでも様々な学問分野で，企業の不祥事を防ぐための企業統治に関する研究が数多く行われており，貴重な理論的・実践的成果を上げている。その中で，特に経営学は実態的な観点を強調しており，多様な利害関係者の観点から多くの研究が進められている。ただ，企業の不祥事を防ぐための企業統治に関する研究は一定の成果を上げているものの，企業の不祥事の方は後を絶たないのも現実である。企業の不祥事問題は中国企業だけの問題ではない。日本においても2011年に起きたオリンパスの巨額損失隠し，大王製紙，東芝等の不祥事問題などは記憶に新しいところである。如何に健全な企業経営を行い，どのように株主をはじめとする多様な利害関係者の利益を保護できるか。つまり，どのような企業統治構造を構築するかは，現代企業経営において最も重要な課題といえるのである。

　中国の上場会社の「一株独大」のもとで，大株主と取締役，監査役はどのような密接な関連性をもっているのであろうか。大株主はどのような方法で，モニタリング・コストの最小化を図りながら，大株主の利益の最大化を図ろうとしているのであろうか。大株主はどのような手段を用いて，自ら派遣した取締役，監査役に対してその影響力を行使し，大株主に有利な会社経営を行おうとしているのであろうか。これが本書の基本的な問いである。中国の上場会社に対する大株主の影響力を体系的，理論的に詳細に解明することこそが中国企業の企業統治を研究するための大きな第一歩と考えられるからである。

本書では，実態的観点から中国の上場会社を取りあげ，取締役，監査役と大株主との関連について具体的な分析を行っている。特に，取締役と監査役の大株主における職務，独立取締役を取り巻く環境，取締役と監査役の報酬・インセンティブに対する大株主の影響力，等々に対して詳細な分析を試みる。また，国有資本参加企業と非国有資本参加企業という概念を導入し，所有制別による上場会社に対する大株主の影響力について，その共通点と相違点の分析も試みている。

　本書の研究方法は，中国の上場会社をランダム方式で選び，各社が発行する「年度報告書」の内容の分析に最も力を入れたものである。各社の「年度報告書」の資料を詳細且つ具体的に分析することによって，上場会社に対する大株主の影響力の実態を充分に明らかにすることができたと思う。その他に，企業訪問とインタビュー調査という研究方法も用いた。インタビュー調査対象者は，会社の取締役，監査役，取締役会秘書，総経理（総裁），等々である。インタビューに応じてくれた方々には，会社の現状，問題点，感想について具体的にかつ率直に述べて頂いたことに感謝している。

　さらに，本書では，上場会社と大株主の影響力の解明に重点を置いたものの，中国企業の企業統治の全体を分析したものではない。ただ，大株主の影響力を詳細に解明することは，中国企業の企業統治を研究するための大きな前提であるともいえると思う。

　次に本書の構成であるが，本書は6章からなる。各章の内容は次の通りである。

　第1章では『公司法』『上場会社の企業統治準則』の制度の側面から上場会社の重要な機関である取締役会，監査役会の構造と権限について基本的な特徴と制度的枠組を明らかにし，上場会社240社を用いて，その運用実態を分析する。

　第2章は，「一株独大」の株式所有構造の基で，集中的所有と多様な利害関係者の保護問題を明らかにした上で，上場会社の監督機関である監査役会の構成員の内部的性格に焦点を当てて分析検討する。監査役会と独立取締役のそれぞれの役割について具体的に検討する。さらに，監査役会と大株主，

とりわけ筆頭株主との密接な関連性を明らかにするとともに，上場会社における監査役会が抱える諸問題を示唆する。

第3章では，中国の上場会社においては，独立取締役制度の導入が義務化されている。その独立取締役導入の主要な目的の1つが支配株主による支配的地位の濫用を監督・防止し，株主全体の利益保護，とりわけ侵害されやすい中小株主の権益保護を図ることであることを分析し，確認する。これらの条件を踏まえて，上場会社150社の独立取締役の質的属性（学歴，年齢，職業）を考察した上で，独立取締役を取り巻く環境についての分析を行い，独立取締役が本来期待されている自らの役割を果たせるかどうかを検討する。

第4章では取締役会，監査役会に対する大株主の影響力を国有資本参加の上場会社120社，非国有資本参加の上場会社120社をそれぞれ取り上げながら，比較検討を行う。特に，大株主の影響力を，取締役会，監査役会と大株主との関連性に焦点を当てて，所有別による共通点と相違点をも明らかにする。

第5章は，上場会社における「一株独大」，及び取締役と監査役の多くが大株主からの派遣であるという特徴を改めて明らかにした上で，取締役，監査役の報酬・インセンティブに対する大株主との関連性を解明する。そのために，まず，上場会社の取締役，監査役に対する報酬・インセンティブシステムの特徴を，制度の側面から考察する。そして，上場会社200社における取締役と監査役に対する報酬形態，及び当該会社の持株の特徴を，大株主との関連性の強さから分析検討する。また，国有資本参加企業と非国有資本参加企業の報酬・インセンティブについての比較分析をも行う。

第6章は，有限責任公司の一種である国有独資公司における取締役会と監査役会の権限とその構成に焦点を当てて分析検討する。特に，国有資産監督管理委員会による国有独資公司の3階層における支配構造の分析を行う。国有企業に対する監督管理の変遷プロセスと国有資産監督管理委員会設立の必要性についての考察を踏まえて，国有独資公司に対する国有資産管理監督委員会の影響力を明らかにする。さらに，国有独資公司の事例分析を取りあげ，国有独資公司の企業統治の特徴を考察する。

以上のように本書は，上場会社，特に国有資本参加企業と非国有資本参加企業を対象に，大株主の影響力を取締役会や監査役会等を通してどのように把握できるかを研究目的に置いたものである。このことを通して，中国における企業統治の諸問題を分析する足掛かりができると考えたからに他ならない。

　本書を刊行するにあたり桜美林大学大学院経営学研究科金山　権教授に心より感謝の意を捧げる。大学院生から今日に至るまで先生からは，暖かな励ましとご指導・ご鞭撻をいただいた。経営行動研究学会会長の菊池敏夫先生（日本大学名誉教授），明治学院大学の大平浩二教授，桜美林大学の宮下幸一教授には，研究方法と論理的な問題点を指摘していただき貴重なご教示をいただいた。ご指摘された問題点は今後の研究に一層生かしていきたい。岩井清治教授（桜美林大学名誉教授）や経営行動研究所牧野勝都客員研究員には日本語のチェック，関連資料の提供などに関して，懇切丁寧なご指導をいただいた（但し，本書の表現上如何なる問題があっても，全て筆者の責任である）。また，上海理工大学の魏景賦教授には現地調査を行う際に，大変お世話になった。これらの方々に深く感謝申し上げる。筆者に素晴らしい研究環境を与えて下さった江戸川大学の小口彦太学長，市村佑一前学長をはじめ同大学の教職員にも，心よりお礼を申し上げたい。特に，本学の大江田清志名誉教授，安田英土教授は学内共同研究を行う際に，様々な刺激を与えてくれた。

　本書の刊行にあたり，厳しい出版事情の折にもかかわらず，本書の出版を快くお引き受け下さった株式会社文眞堂の前野隆社長，営業部の前野弘太部長をはじめ編集スタッフの方々に様々なご苦労を負っていただいた。この場を借りて，株式会社文眞堂関係各位に厚く謝意を表すとともに，同社の一層の発展を祈念するものである。

　本書は，文部科学省科学研究費基盤研究（C）「中国における国有企業と私営企業のコーポレートガバナンスの比較研究」（課題番号：22530431）（2010年～2012年度）と「中国企業統治システムにおける独立取締役の役割についての調査・研究」（課題番号：24530420）（2012年～2014年度），

及び江戸川大学の学内共同研究費（2015年度，2016年度）による研究成果の一部である。記して厚くお礼を申し上げる。

2017年4月

董　光哲

目　　次

はしがき……………………………………………………………………… i

第 1 章　上場会社の会社機関の構造と運用 ……………………… 1
　　　　　～取締役会と監査役会を中心に～

　1　はじめに ………………………………………………………………… 1
　2　取締役会の構造と権限 ………………………………………………… 1
　　2.1　取締役会の人数と構成 …………………………………………… 2
　　2.2　取締役会の権限 …………………………………………………… 5
　3　取締役会の運営 ………………………………………………………… 7
　　3.1　取締役会の開催頻度 ……………………………………………… 7
　　3.2　取締役会における専門委員会の設置 …………………………… 8
　4　監査役会の構造と権限 ………………………………………………… 12
　　4.1　監査役会の法的地位 ……………………………………………… 12
　　4.2　監査役会の人数構成と権限 ……………………………………… 13
　　4.3　従業員代表監査役 ………………………………………………… 19
　5　おわりに ………………………………………………………………… 21

第 2 章　上場会社における監査役の内部的性格 ……………… 23

　1　はじめに ………………………………………………………………… 23
　2　集中的所有と多様な利害関係者の保護問題 ………………………… 24
　3　中国の企業統治と内部監査システム ………………………………… 27
　　3.1　集中的所有にともなう内部監査システム ……………………… 27
　　　　　～監査役会と独立取締役～
　　3.2　中国の企業統治と従業員代表の監査役会への参加 …………… 31

4　上場会社における監査役の内部的性格の分析 …………… 34
　　　　〜上場会社150社を中心に〜
　　　4.1　監査役の資質 ………………………………………………… 34
　　　　　〜学歴と年齢を中心に〜
　　　4.2　監査役と大株主との関連 …………………………………… 37
　　　4.3　監査役の兼務実態 …………………………………………… 39
　　　4.4　監査役と党組織との関係 …………………………………… 46
　　　4.5　監査役会における従業員代表監査役 ……………………… 48
　　5　おわりに ………………………………………………………… 50

第3章　中国の企業統治システムと独立取締役の役割 ………… 54

　　1　はじめに ………………………………………………………… 54
　　2　中国における独立取締役（Independent Director）………… 55
　　　2.1　制度面からみた独立取締役の役割 ………………………… 55
　　　2.2　上場会社における独立取締役の導入の背景 ……………… 56
　　　　　〜英米型（Anglo Saxon）との相違〜
　　3　上場会社における独立取締役の内的要素と企業統治 ……… 60
　　　　〜上場会社150社を中心に〜
　　　3.1　上場会社の独立取締役の人数規模と企業統治 …………… 61
　　　3.2　上場会社の独立取締役の質的属性と企業統治 …………… 64
　　　　　〜適任性からの考察〜
　　4　独立取締役は本来の役割を果たせるか ……………………… 68
　　　　〜独立取締役を取り巻く環境からの分析〜
　　　4.1　独立取締役を取り巻く環境① ……………………………… 69
　　　　　〜株式所有構造からの分析〜
　　　4.2　独立取締役を取り巻く環境② ……………………………… 70
　　　　　〜代表取締役と大株主との関連性〜
　　　4.3　独立取締役を取り巻く環境③ ……………………………… 72
　　　　　〜取締役と大株主との関連性〜

5　おわりに ……………………………………………………………… 75

第4章　所有制別の上場会社における大株主の影響力 ………… 80
　　　　～所有制別の上場会社240社の比較分析～

　1　はじめに ……………………………………………………………… 80
　2　所有制別による企業統治に関する考察 …………………………… 81
　　2.1　国有資本参加企業と非国有資本参加企業の形成 …………… 81
　　2.2　所有制別による企業統治に関する考察 ……………………… 82
　3　所有制別による上場会社の株式所有構造の比較 ………………… 84
　　　～国有資本参加企業120社と非国有資本参加企業120社の比較分析～
　4　上場会社における大株主による取締役会への影響力 …………… 89
　　　～所有制別による比較分析～
　　4.1　所有制別による代表取締役と大株主との関連性 …………… 89
　　4.2　所有制別による社内取締役と大株主との関連性 …………… 93
　　4.3　所有制別による取締役と総経理の兼務状況 ………………… 98
　5　上場会社における大株主による監査役会への影響力 …………… 103
　　　～所有制別による比較分析～
　　5.1　所有制別による監査役会主席と大株主との関連性 ………… 103
　　5.2　所有制別による監査役と大株主との関連性 ………………… 107
　6　企業統治と大株主の影響力 ………………………………………… 111
　　　～所有制別の比較分析を踏まえて～
　7　おわりに ……………………………………………………………… 115

第5章　上場会社における取締役，監査役の報酬・インセンティブ … 118

　1　はじめに ……………………………………………………………… 118
　2　中国の上場会社と「大株主支配モデル」………………………… 119
　3　中国企業における経営者報酬制度 ………………………………… 123
　4　中国の上場会社の報酬・インセンティブに関する制度的特徴 …… 128
　　4.1　報酬に関する制度的特徴 ……………………………………… 128

4.2　株権によるインセンティブに関する制度的特徴 …………… 130
　5　上場会社における社内取締役報酬の実態分析 ………………… 134
　　　〜上場会社 200 社を中心に〜
　　5.1　社内取締役の報酬実態 ………………………………………… 134
　　5.2　社内取締役と株権によるインセンティブとの関連 ………… 141
　6　上場会社における監査役報酬の実態分析 ……………………… 147
　　　〜上場会社 200 社を中心に〜
　　6.1　監査役の報酬実態 ……………………………………………… 147
　　6.2　監査役による当該会社の持株状況 …………………………… 152
　7　大株主と報酬・インセンティブとの関連性 …………………… 156
　　　〜実態分析の結果から〜
　8　おわりに …………………………………………………………… 159

第 6 章　国有独資公司における企業統治 …………………………… 162
　　　〜取締役会，監査役会の選出と構成を中心に〜

　1　はじめに …………………………………………………………… 162
　2　『公司法』からみた国有独資公司の企業統治 ………………… 163
　　　〜取締役会，監査役会の構成〜
　　2.1　『公司法』による国有独資公司の定義 ……………………… 163
　　2.2　『公司法』からみた国有独資公司の企業統治構造 ………… 163
　　　〜取締役会，監査役会の構成〜
　3　国有資産監督管理委員会，国有独資公司と企業統治 ………… 165
　　3.1　国有資産監督管理委員会の設立の背景 ……………………… 165
　　3.2　国有独資公司の取締役会，監査役会の構成 ………………… 168
　　　〜国資委との関連性〜
　　3.3　国有独資公司に対する監督管理の変遷 ……………………… 171
　　3.4　国資委による国有独資公司に対する企業統治構造 ………… 173
　4　国有独資公司の企業統治 ………………………………………… 177
　　　〜上海華誼（集団）公司の事例分析〜

4.1　上海華誼（集団）公司の改革プロセス ……………………… 177
　　4.2　上海華誼（集団）公司の取締役会，監査役会の構成 ………… 179
　5　おわりに ……………………………………………………………… 183

あとがき……………………………………………………………………… 188

主要参考文献………………………………………………………………… 191
初出論文……………………………………………………………………… 196
索引…………………………………………………………………………… 197

第1章
上場会社の会社機関の構造と運用
～取締役会と監査役会を中心に～

1 はじめに

　中国の株式会社は政治的，経済的，歴史的背景により様々な特殊性があるといえる。その特殊性として，従業員代表による取締役会への参加（任意），監査役会への参加が挙げられる。また，二層制システムを採用しながら取締役会の傘下に監査委員会を含む各種専門委員会を設置するのも特殊性の1つである。
　本章では，中国における上場会社240社の基礎的なデータを取り上げながら，株式会社の取締役会と監査役会について基礎的な考察を行いたい。

2 取締役会の構造と権限

　企業統治問題を議論する際に主要な対象の1つとして，監督と執行との関係，その構造をあげることができる。株式会社において，監督機関と執行機関が制度的に明確に分離されている場合を二層制システムと呼び，そうでない場合，つまり監督と執行が制度的に同一機関である場合を一層制システムと呼んでいる。中国の株式会社は，業務執行を行う取締役会とその監督を担当する監査役会が明確に分離される二層制システムを採用している。この二層制システムは，業務執行を担当する取締役会とそれを監督する監査役会が明確に分離されることで，理論的に監督機能上有効であると考えられる。

中国の株式会社の取締役会は意思決定機関であり、取締役全員の合議制の会議体という形態を採用している。従って、上場会社において、意思決定機関であり、執行機関でもある取締役会の構造、およびその権限などの特徴を把握することは中国の企業統治を研究する上で重要な前提条件である。

2.1 取締役会の人数と構成

株主は、株主総会を通じて「委託―代理」の形式で取締役会に企業経営を委任し、取締役会は会社の経営層に業務執行を授権する。監査役会は取締役会を含む経営陣に対し、監督職務を行使する。このような原則は中国の株式会社でも見られ、中国の株式会社における会社機関の1つである取締役会は、経営活動の意思決定と業務執行を行う。(図表1-1)

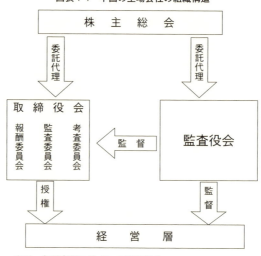

図表1-1　中国の上場会社の組織構造

出所：各種資料に基づいて筆者作成。

中国の株式会社は取締役会を設け、『公司法』ではその人数を5名から19名に定められている。図表1-2は、中国の上場会社240社における取締役会の人数規模である。上場会社240社の取締役会の人数は全て『公司法』で定

められている5名から19名の間である。最少人数は5名で（9社），最大人数は19名で（1社）である。取締役会の人数が9名の会社が最も多く，全体の51.25％を占めている。つまり，半数以上の上場会社では取締役会の人数が9名であることが分かる。取締役会の人数が7名の会社が二番目に多く，全体の13.33％で，取締役会の人数が11名の会社が三番目で，全体の9.58％である。取締役会の人数が7名から11名の会社が202社で，全体の84.17％を占めている。つまり，中国のほとんどの上場会社は取締役会の人数が7名～11名である。また，取締役会の人数が奇数である会社は198社

図表1-2　上場会社240社における取締役会の人数規模

（単位：名，社，％）

取締役会の人数	会社数	240社における割合
5	9	3.75
6	7	2.92
7	32	13.33
8	12	5.00
9	123	51.25
10	12	5.00
11	23	9.58
12	4	1.67
13	7	2.92
14	6	2.50
15	3	1.25
18	1	0.42
19	1	0.42
	240	100

注：小数点2位未満四捨五入。
出所：各社の「2011年年度報告書」により筆者作成（240社のサンプルはランダム方式で選定した。その内訳は上海証券取引所の上場会社120社，深圳証券取引所の上場会社120社である。業種別では製造業121社，不動産業32社，卸・小売業21社，サービス業19社，情報・通信業12社，運送業9社，建設業7社，娯楽業3社，鉱業3社，観光業2社，農林・水産業1社，その他10社である。）

で，全体の82.50％で圧倒的に多い。これは取締役会で審議を行う際に，賛否同数を避けるためだと考えられる。さらに，興味深いのは取締役会の人数が15名以上の5社は全て国有資本参加企業（ここでは，株式所有比率の上位10位に国有資本が入っている会社を国有資本参加企業という）である。そのうち，3社は株式所有構造において，上位3位の大株主がすべて国家株と国有法人株が占めているのである。1社は第2株主と第3株主が国有法人株である。他方，取締役会の人数が5名である会社の9社のうち，8社は非国有資本参加企業（ここでは，株式所有比率の上位10位に国有資本が入っていない会社を非国有資本参加企業という）であることが分かった。このような状況を踏まえて，初歩的に国有資本参加企業の上場会社における取締役会の規模が非国有資本参加企業より大きいことが分かる。国有資本参加企業の資産規模が相対的に非国有資本参加企業より大きく，中国の上場会社の取締役会の規模は資産規模と関連することが推測できる。この点については，さらに厳密な研究・分析が必要であろう。

　中国の株式会社の取締役会は中国の独特な特徴を持っている。その典型的なものとして，取締役会に会社の従業員代表を入れることができることである。但し，取締役会に従業員代表を入れることは義務ではなく，任意である[1]。また，上場会社には独立取締役を設けることが求められている。つまり，中国の上場会社の取締役会は社内取締役と独立取締役で構成されている。その社内取締役に従業員代表取締役が含まれているのである[2]。

　図表1-3は，上場会社240社における取締役の学歴である。公開されている「年度報告書」では半数以上である1266名（全体の57.76％）の取締役の学歴が明らかにされていない。学歴が公開されている取締役は926名で，240社の取締役全体の42.24％を占めている。図表1-3からも分かるように，大学院以上の学歴の持主は539名である。これは学歴が公開されている取締役の58.21％を占めている。学歴が公開されている取締役のうち，6割弱の取締役の学歴は修士以上で，比較的高い学歴を持っていることが分かる。さらに，大学専科以上の学歴の取締役は916名で，学歴が公開されている取締役の98.92％を占めている。

図表 1-3　上場会社 240 社における取締役の学歴

(単位：名，％)

学歴	ポスト・ドクター (post doctoral)	博士	修士	大学	大学専科	専門学校	高校	中学校	不明	合計
人数	12	162	365	303	74	6	3	1	1,266	2,192
取締役総数に占める割合	0.55	7.39	16.65	13.82	3.38	0.27	0.14	0.05	57.76	100

注：1)　ここで取り上げている取締役は取締役会のすべてのメンバー（独立取締役，外部取締役等を含む）である。1名は博士課程に在籍しているが，博士学歴にカウントしている。
　　2)　不明とは，「年度報告書」に学歴が明らかにされていない人数である。
　　3)　小数点2位未満四捨五入。
出所：各社の「2011年年度報告書」により筆者作成（内訳は図表1-2と同様）。

図表 1-4　上場会社 240 社における取締役の性別構成

(単位：名，％)

性別	人数	取締役総数における割合
男性	1,933	88.18
女性	259	11.82

注：小数点2位未満四捨五入。
出所：各社の「2011年年度報告書」により筆者作成（内訳は図表1-2と同様）。

上場会社240社における取締役の男女割合をみると男性が88.18％で，女性が11.82％である（図表1-4）。中国の上場会社において，取締役は男性が圧倒的に多いが，女性も1割以上を占めていることが分かる。

2.2　取締役会の権限

中国の株式会社の取締役会は，株主によって選出された取締役から構成され，業務執行機関としての職権は取締役全体で行使している。また，取締役会の意思決定は，取締役全員で構成される取締役会で行われる。

取締役会の職権は以下の通りである[3]。

①株主総会｛『公司法』では，有限責任公司と株式有限公司の取締役会の権限について同じように定め，株主会（中国語：股东会）という用語を用いているが，ここでは，株主総会と翻訳する。以下同様｝会議を招集

し，かつ株主総会で業務報告を行う。
②株主総会の決議を実行する。
③会社の経営計画及び投資案を決定する。
④会社の年度財務予算案及び決算案を作成する。
⑤会社の利益配当案と欠損補填案を作成する。
⑥会社の登録資本金の増加または減少案及び社債発行案を作成する。
⑦会社の合併，分割，解散または会社形態の変更案を立案する。
⑧会社の内部管理機構の設置を決定する。
⑨会社総経理（中国語原文は「公司経理」で，日本の社長に当たる）の招聘または解任及びその報酬事項を決定し，かつ総経理の指名に基づき会社の副総経理，財務責任者の招聘または解任及びその報酬事項を決定する。
⑩会社の基本的な管理制度を定める。
⑪会社定款に定めるその他の職権。

上述した取締役会の職権は主に4つの面に分けられる。

1つ目は，株主総会に対し責任を負い，株主総会の決議に基づく経営の執行である。

2つ目は，会社経営に関する意思決定である。

3つ目は，会社の上級管理者に対する人事権である。上級管理者に対する人事権により，取締役会は経営業務の執行に直接的に関与することができ，あらかじめ上級管理者の業務執行を統制することができる。

4つ目は，会社の根幹になる制度の作成である。

取締役会は代表取締役1名を置く。また，副代表取締役を置くことができる。代表取締役及び副代表取締役は，取締役会で取締役の過半数によって選出される，と『公司法』は定めている。

代表取締役の職権には次の2つがある[4]。① 取締役会会議を招集，主宰する，② 取締役会決議の実施状況を検査する。つまり，『公司法』では，取締役会による経営執行に対する監督については定めていないものの，代表取締役の職権として，監督権を与えているのである。

中国の上場会社の取締役会決議の議決は，1人1票により行い，取締役の過半数により採択される。一方，ドイツの取締役会における議決は，可否同数の場合，代表取締役が第2票目を投ずることは可能であるが[5]，中国の株式会社では，代表取締役にドイツのような権限を与えていない。また前述の通り，中国の株式会社では取締役会の決議が可否同数にならないように，取締役会の人数を奇数にすることが多いのである（図表1-2を参照）。

3　取締役会の運営

3.1　取締役会の開催頻度

　中国の株式会社の取締役会は，毎年度少なくとも2回の会議を招集しなければならない[6]。取締役会の会議は，取締役本人が出席しなければならない。取締役は，事情により出席できない場合，書面によりその他の取締役に委任することができるものとし，委任状に授権範囲を明記しなければならない[7]。さらに，中国の上場会社の取締役会の会議は現場会議，通信による会議，現場と通信を結合した会議の3種類に分けられる。

　図表1-5は，2011年度の上場会社240社における取締役会の開催回数（3種類の会議をすべて含めた会議）である。図表1-5から分かるように，中国の上場会社の取締役会の開催頻度はかなりのばらつきがあり，最低2回から最高47回までである。取締役会の開催回数が8回の会社が38社で最も多く，全体の15.83％を占めている。取締役会の開催回数が7回の会社が二番目に多く，全体の11.25％で，三番目に多い会社は11回で，全体の10.83％を占めている。年2～5回の開催が26社で10.83％，年6～11回の開催が145社で60.42％である。また，12～19回の開催が61社で25.42％，20回以上の開催が8社で3.33％である。取締役会の開催回数が20回以上の上場会社8社をみると，そのうち6社の営業利益において，前年度比増加率はマイナスであることが分かる。つまり，取締役会の開催回数が20回以上のほとんどの会社は，前年度に比べ業績が悪化している会社であるといえる。

8　第1章　上場会社の会社機関の構造と運用

図表1-5　上場会社240社における取締役会の開催回数

（単位：回, 社, %）

取締役会の開催回数	会社数	240社における割合
2	1	0.42
4	11	4.58
5	14	5.83
6	24	10.00
7	27	11.25
8	38	15.83
9	20	8.33
10	10	4.17
11	26	10.83
12	14	5.83
13	15	6.25
14	10	4.17
15	5	2.08
16	5	2.08
17	2	0.83
18	7	2.92
19	3	1.25
20	1	0.42
22	2	0.83
23	1	0.42
25	1	0.42
27	1	0.42
33	1	0.42
47	1	0.42

注：小数点2位未満四捨五入。
出所：各社の「2011年年度報告書」により筆者作成（内訳は図表1-2と同様）。

3.2　取締役会における専門委員会の設置

　中国の『公司法』では，取締役会内部の専門委員会については全く定めていない。但し，上場会社における取締役会内部の専門委員会の設置に関しては，『上場会社の企業統治準則』（中国語：『上市公司治理准則』，2002年公

布)によって規定されている。

つまり，中国の上場会社はアメリカのように取締役会内部に各種専門委員会が設けられるのである。一方，アメリカの取締役会は意思決定機関であると同時に，監督機関でもある。取締役会に監査委員会を設け，監査委員会が取締役と経営層に対し監督の役割を果たしている。さらに，アメリカの監査委員会には十分な独立取締役を入れなければならない。

他方，日本の上場会社においては，「監査役会設置会社」「監査等委員会設置会社」「指名委員会等設置会社」のどちらかを選択することができる。「監査役会設置会社」は，重要事項の意思決定ならびに経営の業務執行を行う取締役会と取締役を含む経営層が法令を順守しているかをチェックする監査役会を設ける。これに対し，「指名委員会等設置会社」は，監査役会を設置せずに，取締役会に「指名委員会」「報酬委員会」「監査委員会」の各委員会を設置し，取締役は各委員会を通して重要事項の意思決定と業務執行の監視・監督を行う。「監査等委員会設置会社」は，「監査委員会」のみ設ける必要があるが，その他の委員会である「指名委員会」「報酬委員会」の設置は任意である。そして，社外取締役が過半数を占める「監査委員会」が取締役の業務執行を監視・監督する。但し，「指名委員会」「報酬委員会」は決定権を持っていない。

中国の上場会社は，監査役会を設けると同時に，取締役会には専門特化された委員会が設置されている。専門委員会での決定は，委員全員の合議制の会議体という形態を採用している。

図表1-6，図表1-7は，上場会社における非国有資本参加企業120社と国有資本参加企業120社の取締役会内部の専門委員会の設置状況である。図表1-6と図表1-7から分かるように，全ての上場会社では専門委員会が設置されている。専門委員会の種類も多種多様で，監査委員会，報酬委員会，考課委員会，戦略委員会，指名委員会，発展委員会，投資委員会，リスク管理委員会，関連交易コントロール委員会，航空安全と環境委員会がある。非国有資本参加企業において，監査委員会と報酬委員会は全ての上場会社で設置されている。国有資本参加企業においても監査委員会は全ての上場会社が設置

し，報酬委員会は98.33％の会社が設置している（図表1-7参照）。また，所有制別に専門委員会の設置状況が若干異なるものの，過半数の上場会社では考課委員会，戦略委員会，指名委員会が設置されている。要するに，専門委員会の内容構成では，監査委員会，報酬委員会，考課委員会の設置が最も多いのである。

他方，割合が少ないものの，国有資本参加企業の専門委員会では非国有資本参加企業が設置していないリスク管理委員会，関連取引コントロール委員会，航空安全と環境委員会が設置されている。（図表1-6，1-7参照）

上述したように，中国における上場会社の取締役会は株主総会における関連決議に基づいて，戦略，監査，指名，報酬と考課等の専門委員会を設置している。専門委員会の構成員は全て取締役によって構成される。そのうち，監査委員会，指名委員会，報酬と考課委員会では独立取締役が多数を占めると同時に，召集人を担当しなければならない。監査委員会では少なくとも1名の独立取締役が会計専門家でなければならない[8]。さらに，『上場会社の

図表1-6 上場会社120社における取締役会内部の専門委員会の設置状況（非国有資本参加企業）

(単位：社，％)

委員会	会社数	120社における割合
監査委員会	120	100
報酬委員会	120	100
考課委員会	107	89.17
戦略委員会	71	59.17
指名委員会	70	58.33
発展委員会	9	7.50
投資委員会	2	1.67

注：小数点2位未満四捨五入。
出所：各社の「2011年年度報告書」により筆者作成（120社のサンプルはランダム方式で選定した。その内訳は上海証券取引所の上場会社60社，深圳証券取引所の上場会社60社である。業種別では製造業60社，卸・小売業20社，不動産業18社，サービス業8社，情報・通信業7社，運送業3社，建設業2社，鉱業1社，観光・飲食業1社である。）。

**図表 1-7　上場会社 120 社における取締役会内部の専門委員会の設置状況
（国有資本参加企業）**

(単位：社, %)

委員会	会社数	120社における割合
監査委員会	120	100
報酬委員会	118	98.33
考課委員会	113	94.17
戦略委員会	73	60.83
指名委員会	82	68.33
発展委員会	3	2.50
投資委員会	8	6.67
リスク管理委員会	6	5.00
関連交易コントロール委員会	3	2.50
航空安全と環境委員会	1	0.83

注：小数点2位未満四捨五入。
出所：各社の「2011年年度報告書」により筆者作成（120社のサンプルはランダム方式で選定した。その内訳は上海証券取引所の上場会社60社，深圳証券取引所の上場会社60社である。業種別では製造業61社，不動産業14社，サービス業11社，運送業6社，建設業5社，情報・通信業5社，娯楽業3社，鉱業2社，観光業1社，卸・小売業1社，農林・水産業1社，その他10社である。）。

企業統治準則』では，各専門委員会の主な職責について以下のように定めている。

　戦略委員会の主な職責は[9]，会社の長期発展戦略と重大な投資決定に対し，研究を行うと同時に提案を提出する。

　監査委員会の主な職責は[10]，① 外部監査機構の招聘，または交替の提議，② 会社の内部監査制度及び実施を監督する，③ 内部監査と外部監査の疎通に責任を負う，④ 会社の財務情報及び公表を審査する，⑤ 会社の内部統制制度を監査する。

　指名委員会の主な職責は[11]，① 取締役，経理人員の選択基準とプロセスを研究し，提案を提出する，② 適した取締役と経理人員の人選を幅広く探し求める，③ 取締役候補者と経理人選に対し，審査を行い，提案を提出す

る。

報酬と考課委員会の主な職責は[12]，① 取締役と経理人員の考課基準を研究し，考課を行い，提案を提出する，② 取締役，高級管理人員の報酬政策と方案を研究・審査する。

このような中国の上場会社における取締役会内部の専門委員会の権限から分かるように，専門委員会は取締役会の下部組織で，アメリカと日本の専門委員会とは根本的に異なる権限を有している。

つまり，アメリカの「指名委員会」は株主総会に提出する取締役の選任及び解任に関する議案の内容の決定権，「報酬委員会」は執行役等の個人別の報酬等の内容の決定権を有しているのに対し，中国の「指名委員会」，「報酬と考課委員会」は決定権を持たず，決定する際に必要と思われるプロセスの方に職権の力点を置いている。

また，「監査委員会」にも明らかな違いがみられる。アメリカと日本の「監査委員会」では取締役と執行役の職務遂行の監督・監査が行われるのに対し，中国の「監査委員会」では取締役と執行役の職務遂行に対する監督・監査に関しては定めていない。むしろ財務情報及び公表の監督・監査以外に内部監査・統制制度という制度そのものに関する監督・監査が主要な内容である。つまり，中国の上場会社における取締役会内部の各種専門委員会は株主総会に対して責任を負うのではなく，取締役会に対して責任を負うのである。各種専門委員会の提案は取締役会に提出し，取締役会で審査・決定をしなければならない[13]。

4　監査役会の構造と権限

4.1　監査役会の法的地位

二層制システムの企業統治において，会社の内部で経営陣に対する監督は主に3つの面が挙げられる[14]。

1つ目は，専門監督機関の監督である監査役会による監督で，2つ目は，

株主総会による監督，3つ目は，取締役による自己監督である。

このうち，監査役会による監督が最も重要で，普遍的である。株主総会は常設機関ではなく，株主総会による監督は間接的な監督に過ぎない。また，持株比率によって株主総会に対する影響力，コントロールが随分異なるのである。取締役会にも監督機能がある。但し，取締役会による監督は取締役同士による相互監督と取締役会で任命した管理層に対する監督である。つまり，取締役会の監督は主に妥当性に関する監督で，監査役会の監督は合法性に関する監督ともいえる。

中国の株式会社では，業務執行を行う取締役会と監督・監視を行う監査役会が明確に分離されている。言うまでもなく，監査役会は企業統治構造において，重要な構成部分である。何故ならば，監査役会は『公司法』の規定に沿って設立し，取締役会及びその構成員と管理層に対して，監督職能を行使する会社の専門監督機関であるからである。要するに，監査役会は会社内部の監督機関として，取締役会及びその構成員と管理層の職務活動に対し監督権を行使するのである。

中国の株式会社でも日本の監査役会設置会社と同様に，監査役は株主総会によって選出され，株主総会に対して責任を負っている。株主総会に対して，監督機関である監査役会は取締役会と同列の地位に位置している。

4.2 監査役会の人数構成と権限

中国の株式会社は監査役会を設け，その構成員は3名を下回ってはならない。さらに，監査役会は，株主代表及び適当な比率の会社の従業員代表を含まなければならず，そのうち，従業員代表の比率は3分の1を下回ってはならない。具体的な比率は会社定款に定める[15]。つまり，中国の株式会社の監査役会は，株主代表と従業員代表からなる共同監督機関でもある。

『公司法』は従業員代表が監督・監視機関である監査役会に参加することを法的に保障しているのである。従業員代表が監査役会の構成員になることは，会社の監督に参加することであり，従業員が会社の意思決定に参加することを保証することでもある。特に，従業員の利益に関連する多くの意見を

反映することが理論的に可能である。

　『公司法』では，監査役会の人数を最少3名と定めているが，上限に関しては定めていない。上場会社240社における監査役会の人数規模は，図表1-8通りである。1社の監査役が2名で，『公司法』が定めた最少人数に達していない。上場会社240社の監査役会の人数をみると，最少人数が1名（1社）で，最大人数が7名（9社）である。監査役会の人数が3名の会社が152社で，最も多く，全体の63.33％を占めている。その次に，監査役人数が5名の会社で，58社（全体の24.17％）である。監査役会の人数が3名と5名の会社が全体の87.5％で，圧倒的に多い。監査役会の人数が奇数である会社は219社で，全体の91.25％である。つまり，中国の上場会社においては，監査役会の人数も取締役会の人数も奇数である会社が大多数であることが分かる。これも，表決の際に賛否同数の対立を避け，スムーズに表決を行うためであると思われる。監査役会の人数が6名と7名である19社のうち，16社が国有資本参加企業で，3社が非国有資本参加企業である。監査役会の規模においても，国有資本参加企業が非国有資本参加企業より大きいことが分かる。しかも，16社の国有資本参加企業の株式所有構造をみると，10社の筆頭株主と第2株主は国家株，または国有法人株である。残り6社においては，筆頭株主が国家株，または国有法人株である。

図表1-8　上場会社240社における監査役会の人数規模

（単位：名，社，％）

監査役人数	会社数	240社に占める割合
2	1	0.42
3	152	63.33
4	10	4.12
5	58	24.17
6	10	4.17
7	9	3.75

注：小数点2位未満四捨五入。
出所：各社の「2011年度報告書」により筆者作成（内訳は図表1-2と同様）。

監査役会は主席1名を置き，副主席を置くことができる。監査役会の主席及び副主席は，全監査役の過半数の選挙により選出する。監査役会主席は監査役会会議を招集し，主宰する。監査役会主席が職務を履行できない場合，または職務を履行しない場合，監査役会副主席が監査役会会議を招集し，主宰する。取締役，高級管理人員は監査役を兼任することはできない[16]。つまり，中国の『公司法』は監査役が業務執行に携わることを禁じている。また，監査役会主席と副主席の主な役割は，監査役会の招集・主宰であることが分かる。

監査役が持っている経験，専門知識は監査の効果を決める要因である。必要な経験と専門知識を持っていない監査役は，十分な監査を行うとは考えにくい。その専門知識として，財務会計知識，監査知識，経営知識，法律知識，資本運営知識等が挙げられる。図表1-9は，上場会社240社における監査役の学歴である。半数以上である56.53％の監査役の学歴は「年度報告書」では明らかにされていない。学歴が明らかにされている監査役は396名で，全体の43.47％を占めている。上場会社240社において，大学院以上の学歴の持主は100名で，学歴が明らかにされている監査役の25.25％を占めている。大学専科以上の学歴を持っている監査役は383名で，学歴が明らかにされている監査役の96.72％である。大学院以上の学歴の持主の取締役は学歴が明らかにされた取締役の58.21％であるのに対し，監査役は25.25％である（図表1-3，1-9参照）。大学院以上の学歴の取締役の割合は監査役に比べ，圧倒的に多いのである。つまり，中国の上場会社において，取締役の学歴は監査役の学歴より極めて高いことが分かる。

図表1-9　上場会社240社における監査役の学歴

(単位：名，％)

	博士	修士	大学本科	大学専科	専門学校	高校	中学校	不明	合計
人数	8	92	199	84	7	5	1	515	911
割合	0.88	10.10	21.84	9.22	0.77	0.55	0.11	56.53	100

注：1)　不明とは，「年度報告書」に学歴が明らかにされていない人数である。
　　2)　小数点2位未満四捨五入。
出所：各社の「2011年年度報告書」により筆者作成（内訳は図表1-2と同様）。

次に、監査役会の会議について考察したい。『公司法』によれば、株式会社における監査役会は6ヵ月ごとに少なくとも1回会議を開催することが求められる。監査役は臨時監査役会会議の招集を提案することもできる。監査役会決議は、過半数で採択しなければならない[17]。これらの規定からみると、中国の株式会社における監査役会の決議は集団合意性であることが分かる。

また、監査役は取締役会会議に列席し、取締役会の決議事項に対し質問または意見を提出することができる[18]。つまり、『公司法』は監査役会に取締役会に対する諮問権と提言権を与えている。中国の監査役会は、企業経営の意思決定に直接的に関与することはできないものの、取締役の業務執行を統制するように制度的に保証されているのである。特に諮問権は取締役会の不適切な意思決定による損失を事前に回避する役割が期待できる。但し、監査役会に与えたのは諮問権と提言権であり、取締役会の業務については、監査役会の同意を必要（同意権の留保）とするわけではない。費用保障面においては、監査役会の職権の行使に必要な費用は、会社が負担することになっている[19]。

図表1-10は、上場会社240社における監査役の性別構成である。この図表からも分かるように、男女割合をみると男性が74.86％、女性が25.14％である。要するに、上場会社の監査役において4名中1名は女性である。

図表1-10　上場会社240社における監査役の性別構成

（単位：名、％）

性別	人数	監査役総数における割合
男性	682	74.86
女性	229	25.14

注：1）　監査役総数は911名である。
　　2）　小数点2位未満四捨五入。
出所：各社の「2011年年度報告書」により筆者作成（内訳は図表1-2と同様）。

図表1-11は、上場会社240社における監査役会の開催回数である。中国

4 監査役会の構造と権限 17

図表 1-11　上場会社 240 社における監査役会の開催回数

(単位:回,社,%)

監査役会の開催回数	会社数	240社における割合
2	2	0.83
3	23	9.58
4	78	32.5
5	53	22.08
6	39	16.25
7	16	6.67
8	12	5.00
9	6	2.50
10	7	2.92
11	2	0.83
13	1	0.42
14	1	0.42

注:小数点2位未満四捨五入。
出所:各社の「2011年年度報告書」により筆者作成(内訳は図表1-2と同様)。

の上場会社の監査役会の開催頻度にもかなりのばらつきが見られる。最も少ない開催回数は2回で,最も多い開催回数は14回である。監査役会の開催回数が4回の会社が78社で最も多く,全体の32.5%を占めている。開催回数が5回の会社が二番目に多く,全体の22.08%で,開催回数が三番目に多いのは6回の会社で,全体の16.25%を占めている。監査役会の開催回数が4～6回の会社の割合は,全体の70.83%である。監査役会の開催回数が10回以上の会社は11社で,そのうち国有資本参加企業が7社,非国有資本参加企業が4社である。さらに詳しく考察すると,7社の国有資本参加企業のうち,筆頭株主が国家株または国有法人株の会社は5社である。一方,11社のうち,営業利益において,前年度に比べマイナス増加率である会社は7社である。当然であるが,業績が低迷している会社の監査役会の開催回数が多いことが分かる。また,所有制別にみた場合,国有資本参加企業と非国有資本参加企業における監査役会の開催回数は5回前後で,大きな違いは見られない。(図表1-12と図表1-13を参照)

図表1-12　上場会社120社における監査役会の開催回数（国有資本参加企業）

平均値	中央値	標準偏差値	最大値	最小値
5.46	5	2.11	14	2

注：小数点2位未満四捨五入。
出所：各社の「2011年年度報告書」により筆者作成（内訳は図表1-7と同様）。

図表1-13　上場会社120社における監査役会の開催回数（非国有資本参加企業）

平均値	中央値	標準偏差値	最大値	最小値
5.08	5	1.67	10	2

注：小数点2位未満四捨五入。
出所：各社の「2011年年度報告書」により筆者作成（内訳は図表1-6と同様）。

一方，株式会社の監査役会では，以下のような職権が行使できる[20]。
①会社の財務の検査，
②取締役，高級管理人員の会社の職務執行行為に対する監督，並びに法律，行政法規，会社定款または株主総会の決議に違反する取締役，高級管理人員の罷免提案，
③取締役，及び高級管理人員の行為が会社の利益に損害を与える場合，取締役と高級管理人員に対する是正の要求，
④臨時株主総会会議招集の提案，取締役会が本法に定める株主総会会議の招集及び主宰の職責を履行しない場合の株主総会会議の招集及び主宰，
⑤株主に対する意見の提出，
⑥会社定款に定めるその他の職権。

監査役会には，取締役及び高級管理人員の経営行動と会社の財務に対して，監督・監視する権限が与えられている。これを実現するための具体的な権限として，①取締役，及び高級管理人員に対する罷免提案権，②株主総会の招集主宰権，③株主総会への提案権，④訴訟提起権，などがある。

中国の監査役会は，取締役に対する罷免提案権を持っているものの，ドイツの監査役会のような重大な理由があるときに取締役を解任するという人事

権までは持っていない。また，中国の監査役会は，ドイツの監査役会のように取締役の報酬を決める権限も持っていないのである。ドイツの監査役会は，業務監督権，財務監督権，会社の重要事項に関する同意権などを持っており，その権限範囲は極めて大きく，強い影響力を持っている。

4.3 従業員代表監査役

社会的組織体としての企業は，出資者利益，つまり株主の利益だけを重視すべきではなく，企業と関連する様々な利害関係者の利益を考えなければならない。特に，従業員は企業に人的資源を提供し，企業と運命を共にすることもある。従業員代表の監査役会への参加は経営陣に対してもメリットを与える法制度であると思われる。従業員は生産現場の第一線で活躍しており，担当業務を含めた様々な豊富で確実な情報を手に入れることが可能である。経営陣は従業員を通して会社の情報収集能力を高め，これらの情報を経営に生かすことができる。このような観点からも，従業員のトップ・マネジメントへの参加を積極的に進めるべきである。

中国の株式会社においては上述したように，業務執行機関である取締役会を監督する役割を持つ監査役会に従業員代表の参加が求められている。『公司法』では，株式会社の監査役会に従業員代表監査役を入れなければならないと定めており，その比率まで明確に定めている。また，監査役会の従業員代表は，会社従業員が従業員代表大会，従業員大会またはその他の形式を通じて民主的に選出する，と『公司法』は定めている。『公司法』により，中国の株式会社ではトップ・マネジメント組織への従業員代表の参加が実現されているのである。

国営・国有企業時代から中国の企業経営は国家社会主義などの体制・制度を反映しているもので，従業員は企業の主人公という地位を確保してきた。つまり，社会主義国家である中国においては，従業員は国家の主人公，企業の主人公という社会体制の基本理念を一貫して維持してきた。従業員の監査役会への参加は社会主義という政治体制を維持している中国において，従業員は企業の「主人公」という地位を実現する手段の1つともいえるものであ

る。

　ドイツにおいても，共同決定法制度によりトップ・マネジメント組織への従業員の参加が実施されている。ドイツでは，労働者側代表が監査役会の半数を占めることや取締役の人事権や取締役の意思決定に同意権を留保することなど企業の政策決定，意思決定に極めて強い影響を及ぼすことが可能となっている。

　図表1-14は，上場会社120社の国有資本参加企業と上場会社120社の非国有資本参加企業における従業員代表監査役状況である。国有資本参加企業において，半数以上の上場会社では，従業員代表監査役の設置が明らかにされていない。さらに，非国有資本参加企業においても6割以上の会社で，従業員代表監査役の設置が明らかにされていないのである。従業員代表監査役を明らかにしている会社のうち，所有制別に関係なく，従業員代表監査役が1名の上場会社が最も多く，その次は2名の上場会社である。

図表1-14　上場会社における従業員代表監査役状況

(単位：名，社，％)

人数	国有資本参加企業		非国有資本参加企業	
	会社数	120社に占める割合	会社数	120社に占める割合
不明	62	51.67	73	60.83
1	32	26.67	35	29.17
2	21	17.50	11	9.17
3	5	4.17	1	0.83

注：1）　国有資本参加企業120社，非国有資本参加企業120社。
　　2）　小数点2位未満四捨五入。
出所：各社の「2011年年度報告書」により作成（非国有資本参加企業の内訳は図表1-6，国有資本参加企業の内訳は図表1-7と同様）。

　従業員代表監査役に期待される役割は，主に従業員の福祉厚生，従業員の利益に関する監督・監査・検査であると考えられる[21]。但し，従業員代表が監査役会の構成員の一員になることが，実際に企業統治にどのぐらい影響を及ぼしうるかという点については，まだまだ一層詳細な検討が必要であると

思われる。

5　おわりに

　本章では，上場会社240社の各社の「2011年年度報告書」のデータを用いながら，制度の側面から中国の上場会社における取締役会と監査役会について基礎的な考察を行った。上場会社の取締役会と監査役会は，制度の側面からみた場合，アメリカ，ドイツの制度を取り入れながら，中国の独特な特徴もあることが確認される。例えば，取締役会における専門委員会の設置，監査役会に従業員代表が参加できること，独立取締役の導入の義務，などはアメリカとドイツの制度を参考したものと考えられる。但し，専門委員会はあくまでも取締役会の下部組織で，取締役会に対して責任を負うことや任意でありながら取締役会に従業員代表が参加できることなどは中国の独特な特徴ともいえる。総じて，中国の企業統治において，制度面では十分に整備されたと思われる。ただ，制度面の整備がなされたとしても，実際の運用がどのようになっているかが大事である。これらを把握するために，次章から実際の運用について考察することにしたい。

注
1　『公司法』(1993年12月29日に可決，1994年7月1日より施行。1999年12月第1回修正，2004年8月第2回修正，2005年10月修訂，2013年第3回修正，以下同様) 第108条による。
2　公開されている上場会社の「年度報告書」(日本の有価証券報告書に相当) では，従業員代表取締役という肩書の取締役は見当たらない。これは上場会社で従業員代表取締役を入れていないことであるか，それとも従業員代表取締役を取締役と明確に区分していないかのどちらかであると思われる。
3　『公司法』第46条による。
4　『公司法』第109条による。
5　海道ノブチカ (2013)『ドイツのコーポレート・ガバナンス』中央経済社，95頁。
6　『公司法』第110条による。
7　『公司法』第112条による。
8　『上場会社の企業統治準則』第52条による。
9　『上場会社の企業統治準則』第53条による。
10　『上場会社の企業統治準則』第54条による。
11　『上場会社の企業統治準則』第55条による。

12 『上場会社の企業統治準則』第 56 条による。
13 『上場会社の企業統治準則』第 58 条による。
14 ≪新〈公司法〉背景下改进监事会工作研究≫编委会编（2007）『新≪公司法≫背景下改进监事会工作研究』石油工业出版社，23-24 頁。
15 『公司法』第 117 条による。
16 『公司法』第 117 条による。
17 『公司法』第 119 条による。
18 『公司法』第 54 条による。
19 『公司法』第 118 条による。
20 『公司法』第 53 条による。
21 董光哲（2014）「中国の企業統治と従業員関係」『企業統治論』（菊池敏夫・金山権・新川本編）税務経理協会，71-75 頁。

第2章
上場会社における監査役の内部的性格

1 はじめに

　企業統治に関して，中国では1990年代中期から活発に議論されるようになった。アメリカの企業統治は機関投資家による「下からの圧力」によって進められた[1]といえるが，中国における企業統治は先進国，特にアメリカの企業統治，ドイツの企業統治を参考にしながら行政部門（政府部門）の制度・法規などの制定による「命令と管理」によって進められた要因が強いと思われる。

　中国の企業統治でも多様な利害関係者の権益の保護が求められている。それを実現するためには，適正な経営が行われることが必要であり，如何に経営者を監督・牽制するかが問われている。つまり，有効な監督機関の構築が必要である。第1章で述べたように，中国の上場会社では制度・法規により監査役会の設置，独立取締役の導入が義務化されている。また，監査委員会も設けることが求められている。つまり，中国の上場会社において，制度面では経営陣に対する多方面からの監督・監視が行われることになっている。しかし，現実的には不祥事が後を絶たず，上場会社における監督の問題が指摘されている。特に，中国の上場会社における監督専門機関である監査役会の監督機能が極めて不十分である，という指摘が多く見られる。監督機能の不十分さは主に2つの側面で突出している。1つは，監査役会による独自の立場での否定的意見の少なさである[2]。もう1つは，上場会社の不祥事の多発と監督機関としての監査役会がそれを見逃していることである[3]。

　本章では，中国の上場会社150社を取り上げ，上場会社における監査役の

資質，兼職の状況，共産党委員会との関連性，筆頭株主との関係を具体的に解明することを試みる。まず，中国の上場会社における集中的所有と中小株主を含む他の利害関係者との問題，及び上場会社の内部監査システムに関して検討を行う。これを踏まえたうえで，監査役の内部的性格の解明を進めていきたい。

2 集中的所有と多様な利害関係者の保護問題

　中国の企業統治は中国の政治体制，社会体制を反映しており，アングロ・サクソン型，ドイツ型の企業統治と比べ大きく異なっている。その1つが大株主による株式の集中的所有構造である[4]（中国語：「一股独大」）。中国の上場会社の株式所有構造をみると，筆頭株主による持株比率が極めて高いことが分かる（図表2-1参照）。つまり，中国の上場会社では株式が分散されていないのである。このような状況では，会社を支配できる株主が存在しうる土壌が生じる。しかも，支配株主が経営の意思決定機関である取締役会に多くの取締役を派遣し，経営に参加させることも中国の上場会社の特徴の1

図表2-1　上場会社150社における上位5大株主の持株比率（2010年度）

（単位：％）

株主	平均値	中央値	標準偏差値	最大値	最小値
筆頭株主	39.14	38.78	16.82	86.20	0.25
第2株主	8.35	4.77	8.73	39.68	0.02
第3株主	3.04	2.05	3.50	20.92	0.01
第4株主	1.72	1.24	1.74	12.94	0.01
第5株主	1.29	0.91	1.29	9.85	0.01

注：小数点2位未満四捨五入。
出所：各社の「2010年年度報告書」より筆者作成（150社のサンプルはランダム方式で選定した。その内訳は上海証券取引所の上場会社88社，深圳証券取引所の上場会社62社である。業種別では製造業81社，運輸・輸送業17社，不動産業12社，エネルギー業8社，卸・小売業10社，情報・通信業4社，鉱業4社，サービス業4社，金融・保険業3社，宿泊・飲食業3社，農林水産業2社，建設業1社，観光業1社である）。

図表 2-2 上場会社 150 社における社内取締役の派遣母体別構成

(単位:名,％)

	人数	社内取締役に占める割合	派遣取締役に占める割合
筆頭株主	403	43.71	79.80
筆頭株主と第2株主	3	0.33	0.59
第2株主	48	5.21	9.50
第3株主	29	3.15	5.74
第4株主	10	1.08	1.98
第5株主	5	0.54	0.99
第6株主	2	0.22	0.40
第7株主	3	0.33	0.59
不明	2	0.22	0.40
株主から派遣と思われる取締役合計	505	54.77	100
株主と関連がないと思われる人数	417	45.23	―

注:1) 大株主の派遣母体には,その大株主の出資元からの派遣も含む。
2) 社内取締役とは,取締役会において,独立取締役を除いた取締役を指す。150社における社内取締役の総数は922名である。
3) 筆頭株主と第2株主から派遣された取締役が3名いる。
4) 不明とは,大株主から派遣されているものの,その詳細が不明である人数を指す。
出所:各社の「2010年年度報告書」より筆者作成(内訳は図表2-1と同様)。

つといえる。

　図表2-2から分かるように,上場会社150社の半数以上(54.77％)の社内取締役は大株主からの派遣であると思われる。そのうち大多数(80.40％)の取締役は筆頭株主からの派遣である。このように,中国の上場会社において,大株主,特に筆頭株主は会社の経営に強く関与しており,相当な影響力を行使することが十分に考えられる。つまり,中国の上場会社では所有と経営が完全に分離されていないことが分かる。このようなことから,中国の上場会社では株主と経営者とのエージェンシー問題はそれほど重要な問題ではないと言える。

　他方,このような状況では別の次元でガバナンスの問題が生じる。その問

題とは大株主と中小株主を含む他の利害関係者との問題である。大株主（特に筆頭株主）は中小株主を含む他の利害関係者の利益よりも自己利益の最大化を追求するための企業経営を行うと仮定される。言い換えれば，大株主（特に筆頭株主）と中小株主の利害は必ずしも一致してしない（利害の不一致）ということである。大株主は中小株主を含む他の利害関係者に損害を与えながらも，大株主にとって有利な取引を行ったり，大株主にとって有利なプロジェクトに投資したりする可能性がある。例えば，中国の上場会社では，大株主による会社利益の侵害（2002年の天大天財株式会社のケース），支配株主による会社資金の不当な占用（2004年の龍滌株式会社のケース），大株主による会社資金の恣意的な占用・流用（2004年の蓮花味精株式会社のケース）などの不祥事が頻繁に発生しているのである。また，企業経営に携わる大株主（特に筆頭株主）が持っている情報の量と質は中小株主を含む他の利害関係者が持っている情報と大きな開きがあると考えられる（情報の不一致）。つまり，中国の上場会社では大株主（特に筆頭株主）と中小株主を含む他の利害関係者との間で，相互の利害の不一致と情報の非対称によるエージェンシー関係が成り立つのである（ここでは，中小株主を含む他の利害関係者は大株主に直接に経営を委託していないが，大株主が経営に強い影響を与えたり，多くの取締役の派遣を通じて会社の経営に参加したりすることで会社の経営が実質的に大株主によって掌握されている状態を指している）。ここでは，依頼人であるプリンシパルは株主（大株主と中小株主を含む全ての株主）である。大株主（特に筆頭株主）は単なる株主ではなく，会社の経営に実際に参加することや経営に強力な影響を与えることで，エージェントとも呼べることが可能である。このようなエージェンシー問題ではプリンシパルの一員である中小株主と株主でありながら経営への参加，または経営に強力な影響力を行使する大株主（特に筆頭株主）の間で利害対立の可能性が存在するのである。中国の企業統治問題にとって重要な問題は単なる株主と経営者とのエージェンシー関係ではなく，大株主と中小株主を含む他の利害関係者とのエージェンシー関係の問題ともいえる。というのは，株主でありながら，実際に会社の経営に携わる大株主がプリンシパル（全株主

＋債権者）の弱点を利用して非倫理的で非効率的な経営行動を行うことが考えられるからである[5]。

3 中国の企業統治と内部監査システム

3.1 集中的所有にともなう内部監査システム
　　　～監査役会と独立取締役～

　アングロ・サクソン型の企業統治では，株主利益の保護という出発点から，株主の代理として取締役会が経営陣を監督する構図が確立され，監査の中心は会計監査である。これに対し，中国ではドイツのように監査役会を設け，監査役会は会計監査と業務執行の監査を行い，取締役の行動を監督・監視する体制をとっている。しかし，中国の監査役会はドイツの監査役会のように強力な権限は有していない。

　中国の上場会社における監査役会は取締役会と並列的な機関であり，取締役会と同様に株主総会に対し責任を負う。監査役会は会社内部の専門監督機関であり，その権限として取締役会，取締役及び高級管理人員の会社の業務執行状況の監督，及び会社の会計監督である。これらの監督業務を通じて，監査役会は株主の合法的権益の保護を図る。監査役会は，制度上において企業統治の面で重要な役割を果たすことが期待されているのである。株主総会と監査役会は委託―代理関係でもある。監査役会は株主総会の委託を受け，株主総会の代理として企業経営を監督・監視している。

　一方，中国の上場会社の株式所有構造は大株主による集中的所有であり，しかも実際に大株主が会社を支配しているケースが少なくない。このような状況では，委託―代理問題は単に株主と経営陣の問題に留まらず，如何に中小株主の利益を含む利害関係者全体の利益を保護するかという企業統治問題が生じる。つまり，「トンネル効果」が発生しているのである[6]。

　中国の企業統治問題にとって重要な関係は大株主と中小株主を含む他の利害関係者とのエージェンシー関係であることは既に指摘したとおりである。

大株主は（特に筆頭株主）は多くの取締役を取締役会に送り込んで経営に深く関与させるなど，株式の集中的所有という特別な背景のもとで，上場会社を支配しているのである。このような状況では大株主が暴走したり，中小株主を含む他の利害関係者の利益に損害を与えたりするなど，大株主（特に筆頭株主）による非倫理的で非効率的な経営行為が起こることが考えられる。従って，大株主の行動を事前に抑制し，中小株主の利益を含む他の利害関係者全体の利益を反映できる何らかの制度が求められる。つまり，上場会社を効率的に監督・監視するために，中小株主を含む他の利害関係者全体は何らかの制度で企業経営をモニタリングする必要がある。大株主の権力に牽制を加えることによって，大株主による権力の濫用と暴走を防ぐことが可能であるからである。この場合，監督・監視機能を担当する何らかの機関制度には最も重要と思われる次の3点を満たすことが求められる。① 大株主，会社及び実質支配者から独立していること，② 会社（その多くは大株主の支配のもとにある）と根本的な利害関係を持っていないこと，③ 利害関係者全体の利益，特に中小株主の利益を代表できること，である。そのような制度として，中国では「独立取締役制度」が導入されているのである。独立取締役によって，大株主による支配的地位の濫用，または大株主の暴走に対する抑制の実現を図ろうとするものである。つまり，独立取締役に会社及び利害関係者全体の利益が損なわれないよう監督・監視する役割を担当させることである。特に，中国の上場会社では株式の集中的所有による大株主と中小株主を含む他の利害関係者との間でエージェンシー問題が生じ，大株主による中小株主を含む他の利害関係者の利益に対する侵害の問題が顕著である。このような特有な背景のもとで，大株主による暴走，大株主による権利濫用を抑制するために，大株主を牽制・監督する何らかの制度が必要となり，独立取締役を通じてこれらの役割を果たすことが期待されているのである。

　以上のように，中国の上場会社の内部監査制度は「監査役会制度」と「独立取締役制度」という二重による内部監査システムを採用している[7]。監査役と独立取締役は上場会社の内部監査システムにおいて，主要な監督機能を持っている。委託―代理理論に基づき，取締役会に独立取締役を導入するこ

とによって,「大株主による会社支配」現象を抑制することが可能と期待されているのである。主に独立取締役によって構成される取締役会内部の監査委員会は取締役を代表して経営陣に対して監督を行う。その本質は「いわゆる内部監査」といえる。

但し,監査役会と独立取締役は監督内容,及び職権には重複するところが多い。その重複するところを次のようにまとめることができる。1つ目は,独立取締役と監査役会はともに財務監督権を有し,会社の財務に対し監督を行う権限を持っている[8]ことである。2つ目は,独立取締役と監査役会は取締役,または経営陣の行動に対し監督を行う権限,いわゆる人事監督権を有していることである。但し,監査役会は監査を行う権限と罷免の提案を提出する権限のみを有しているのに対し,独立取締役は高級管理人員を招聘または解任する権限も有している[9]。つまり,独立取締役は監査役会に比べ,より強い人事監査権を有しているといえよう。中国の上場会社における監査役会は,企業が不祥事を起こしたとしても経営陣を交代させるような,本来の企業統治のメカニズムである必要に応じて経営体制の刷新を行う等の権限は有していないのである。そして,3つ目は,独立取締役と監査役会は臨時株主総会を召集する権限を有することである[10]。しかし,監査役会の権限は臨時株主総会召集の提案権に留まり,臨時株主総会の召集は実質的に取締役会に掌握されている。

このような監査内容と職権の重複,さらに中小株主の利益保護などで独立取締役に対する期待感が高まるなかで,監査役会の役割に関して疑問を感じ,監査役会の廃止を主張する研究者もいる。その主な論点として,監査役会制度を廃止し,内部統治システムの役割を独立取締役と取締役会の監査委員会に集中すべきである,というものである[11]。これに対し,独立取締役を導入したとしても監査役会の役割は必要であり,さらに強化すべきであるという意見もある。例えば,実務家である李克成(2004)は,長年にわたり監査役会の運営に携わった自身の経験から監査役会は企業内部統治システムにおいて重要な構成部分であり,監査役の役割は内部コントロールの重要な内容である,と指摘している。また,李維安・王世権(2005)は,法的監督機

関である監査役会の監督役割は必要不可欠であると強調し，監督業務における監査役会の一連の問題は監査役会の制度問題ではなく，統治過程で起こる問題であると指摘した上で，監査役会の企業統治メカニズムにおける重要性を強調している。このように二分された意見のうち，後者の意見の方が圧倒的で，主流であるといえる。

独立取締役と監査役会は監督内容，及び職権は重複しているものの，その性質は根本的に異なると思われる。独立取締役は取締役会の一員で，取締役会の内部監督である。主に独立取締役で構成される監査委員会は取締役会の傘下にある委員会で，取締役会に対し責任を負う。つまり，独立取締役は取締役会内部の監督機能を果たす。監査役会は取締役会と並列的な機関で，取締役会に対して監督を行う機関である。つまり，監査役会は独立取締役を含む全ての取締役と高級管理人員に対し，監督を行う。また，独立取締役と監査役会は異なる段階で職権を行使する。監査役は取締役会の意思決定に参与せず，意思決定事項に対して議決権を持たず，事後の審査調査を通じて監督を行う。いわゆる事後監督である。これに対し，独立取締役は取締役会の意思決定の参与を通じて監督の職権を行使する。これらの監督は意思決定プロセスに貫いており，いわゆる事前監督，現行監督である。独立取締役と監査役会は取締役会の決議に対し事前，現行，事後の一連の監督を行っているのである[12]。

また，独立取締役の監督は主に取締役会の重要な意思決定の公平性と妥当性に対する監督で，監査役会の監督は主に独立取締役を含む全体の取締役会に対する合法性監督であるといえる。監査役会の職権は違法違規行為に対する阻止を強調するもので，業務及び財務活動に対する事後監督である。独立取締役は関連取引に対する審査権，取締役の指名権，高級管理人員の報酬提議権の行使を通じて，事前に会社の意思決定への積極的な参加を強調した事前監督を担当している。独立取締役は企業統治システムを健全化し，取締役会の職能を強化しようとする要請のもとで生まれたものといえる。

前述したように，中国の上場会社では，大株主が経営に深く携わっている。それを具体的に表しているのが取締役会における大株主から派遣されて

いる取締役の人数である。大株主は取締役の派遣で会社経営の支配を図ろうとしているのである。しかし，懸念すべきことは，派遣された取締役は必ず派遣母体である大株主の利益最大化のための経営を行うかどうかの問題である。また，派遣された取締役は隙間に付け込んで大株主の利害よりも個人の社会的名声，個人利益などの自己利害を追求するための企業経営を行うことも否定できない。このような取締役が大株主の利害のために，また，大株主の意思のとおりに企業経営を行わせるために，大株主はさらに何らかの制度を利用して派遣された取締役を監督・監視しなければならない。つまり，大株主による派遣された取締役を統治するモニタリング・システムが必要である。その1つの方法であるモニタリング・システムとして監査役会という制度を利用して派遣された取締役を監督・監視する方法が考えられる。その場合，大株主にとって，監査役会のメンバーは最も信頼できる人物であると同時に，モニタリング・コスト（monitoring cost）[13] を最大限に抑えることを望むであろう。大株主は最も信頼できる人物を監査役会に送り込んで定期的に自ら派遣した企業経営者を牽制し，彼らを監督・監視することができる。より具体的にいえば，中国の上場会社では，大株主は監査役会に多くの大株主代表を派遣して企業経営者を牽制し，定期的に監視することができるのである。

　大株主は監査役会に自ら監査役を派遣することで，大株主によるモニタリング・コストを極力抑えることが可能と考えられる。何故ならば，大株主と無関係な監査役は大株主にとってリスクがあることで，彼らを監視するためにはより高次のモニターを必要とするなど高いコストが発生するからである。リスクを極力避け，モニタリング・コストを極力抑える方法が大株主からの監査役会への監査役の派遣なのである。

3.2　中国の企業統治と従業員代表の監査役会への参加

　中国の上場会社では日本と同様に，株主が資本を提供し，株主の利益のための制度として，株主総会が設定され，関連して取締役会，監査役会の権利・義務も規定されている。また，中国の上場会社では日本やアメリカと異

なり，従業員代表が監査役会に参加することが求められている。上述したように，従業員代表の監査役会への参加は中国の上場会社の企業統治の主要な特徴の1つともいえる。

中国の上場会社において，従業員代表によるトップ・マネジメント組織である監査役会への参加は，ドイツの企業統治の中心的制度である『共同決定法』(Mitbestimmungsgesetz) を参考にしたものと考えられる。『共同決定法』によって，ドイツ企業では労働者が会社の統治に参加する権利が法的に認められているのである。中国でも，『公司法』という法制度を背景に従業員が企業統治に関与する環境が整っている。従業員代表の監査役会への参加による企業統治に対する影響に関しては賛否両論がある。労働者側代表の監査役会への参加を定めたドイツの共同決定法をめぐっては，労働者の能力を最大限に発揮させるなど，平等，公平な制度として高く評価されている[14]。一方，選出コスト，意思決定における時間の浪費など非効率的な制度として批判されていることも事実である[15]。

菊澤研宗 (2004) はドイツの共同決定法をデムゼッツの所有権理論を用いて分析を行い，労働者代表は共同決定法のもとで，企業資産をコントロールする権利に参加でき，しかも企業が生み出す利益にも参加する権利を持つなど，不公平な所得分配制度であると指摘する一方で，効率的な資源配分制度であるとも強調している[16]。つまり，ドイツの共同決定法では労働者は法定の形で企業統治と監督に参加し，労働者代表は労働者の経済利益に関する意思決定を行う際に，労働者の合法的な権益を守ることができるのである。

一方，中国の上場会社における従業員代表の監査役会への参加についての性質はドイツの共同決定法と根本的に異なるといえる。その性質の違いの根拠は企業統治構造に帰結するといってよい。

つまり，ドイツの企業統治において，監査役は株主総会によって任命される。監査役会は経営の監督を担当するとともに執行役会のメンバーを任命する権限を有する。さらに，執行役会は最重要決定事項について監査役会の承認が必要である。取締機関である監査役会は経営執行機関である執行役会の上位に位置しており，強力な権限を有しているのである。このような取締機

関である監査役会への労働者の参加は、労働者が企業の意思決定に参加して、企業資産をコントロールする権利、利益の分配権を持つ権利などを有するようになり、これらを利用して労働者の権益を守ることができる構造である。

　これに対し、中国の企業統治構造では、監査役会と取締役会は並列的な機関で、取締役会は意思決定機関であり、決算案、利益分配案などを作成する権限を有し、一方、監査役会は取締役会に対して監督を行う機関である。しかし、監査役は取締役会の意思決定に参与せず、意思決定事項に対して議決権も有してない。

　一方、中国の『公司法』では、従業員代表の監査役会への参加制度のほか、従業員代表の取締役会への参加制度も設けられている。中国の『公司法』第108条では、「取締役会の構成員に会社の従業員代表を置くことができる。」と定めている。しかし、従業員代表の取締役会への参加は監査役会と異なって、強制的ではない。しかもその人数に関しても明確に定められていないのである。つまり、中国の企業統治において、従業員代表のトップ・マネジメント組織への参加は意思決定機関である取締役会より監査機関である監査役会に重きをおいていることが伺える。中国の企業統治において、従業員代表への期待はドイツの『共同決定法』と異なり、意思決定の参加による従業員権益の保護よりもむしろ監督による従業員権益の保護を目的としていると思われる。

　株式会社は様々な利害関係者の利益を考慮しなければならない。従業員はその利害関係者の重要な一員でもある。会社の監督機関である監査役会に出資者以外の従業員代表が参加することは、会社の重要な利害関係者である従業員の意向を企業統治に反映させることを実現するためともいえる。トップ・マネジメント組織である監査役会における従業員代表の参加は、アングロ・サクソン型のように株主優先を強調する企業統治がもたらした問題、特に中国における支配株主による統治がもたらした問題を少しでも回避でき、会社の一体感を向上させる効果が期待できるものである[17]。

4 上場会社における監査役の内部的性格の分析
〜上場会社 150 社を中心に〜

4.1 監査役の資質〜学歴と年齢を中心に〜

図表 2-3　上場会社 150 社における監査役の年齢

(単位：歳)

	平均年齢	中央値	標準偏差値	最高年齢	最少年齢	人数
監査役（全体）	46.98	47	8.11	82	26	611
監査役会主席	50.50	52	7.18	72	31	143
従業員代表	44.79	44	6.91	61	28	109

注：1)　会社により呼称が異なるものの，監事会召集人，監事長，監事会（臨時）召集人を監査役会主席に統一している。
　　2)　会社により呼称が異なるものの，従業員（代表）監査役と従業員監査役を従業員代表に統一している。
　　3)　1 名は監査役会主席と従業員代表監査役を兼任しているが，監査役会主席にカウントしている。
　　4)　150 社のうち，7 社は監査役会主席が明らかにされていない。
　　5)　小数点 2 位未満四捨五入。
出所：各社の「2010 年年度報告書」により筆者作成（内訳は図表 2-1 と同様）。

図表 2-4　上場会社 150 社における取締役の年齢

(単位：歳)

	平均値	中央値	標準偏差値	最高年齢	最少年齢	人数
取締役（全体）	50.81	49	8.20	80	26	1,453
社内取締役	49.30	48	6.94	79	26	922
独立取締役（外部取締役を含む）	53.44	52	9.47	80	32	531

注：小数点 2 位未満四捨五入。
出所：各社の「2010 年年度報告書」により筆者作成（内訳は図表 2-1 と同様）。

4　上場会社における監査役の内部的性格の分析　35

　図表2-3と図表2-4で示されているように，取締役の平均年齢は50.81歳であり，監査役の平均年齢は46.98歳で，取締役の平均年齢が監査役の平均年齢より4歳ほど高い。年齢の指標からみる限り取締役の経験知識は監査役より高いともいえる。また，中国の上場会社150社における監査役と取締役の最少年齢はともに26歳で，監査役会主席の最少年齢は31歳である。中国の上場会社において，かなり若い年齢でも取締役と監査役に抜擢されるということが特徴的である。

　一方，監査役会主席の平均年齢（50.50歳）は監査役全体の平均年齢（46.98歳）に比べ3歳以上高いことが分かる（図表2-3参照）。これは監査役会主席が監査役会の責任者として十分な経験知識を生かし，監査役会をリードしなければならないという理由からと思われる。

　監査役という職務は高い専門知識を必要とする職務であることは第1章で述べたとおりである。専門的資質は監査役が監督職務を行使する最も基本的な要素でもある。十分な専門知識を持っている監査役こそ，監督過程で迅速・的確に取締役と経営陣を監督することができると考えられる。これらの知識を評価する指標の1つとして学歴が挙げられる。上場会社における取締役と監査役の学歴については既に第1章で触れている。ここでは，社内取締役と独立取締役，監査役会主席と従業員代表監査役に詳細に分類して，その特徴を考察したい。

図表2-5　上場会社150社における取締役の学歴

(単位：名，%)

	学歴	ポスト・ドクター (post doctoral)	博士	修士	大学	大専	専門学校	中国工程院院士	不明	合計
社内取締役	人数	5	61	420	302	66	6	1	61	922
	割合	0.5	6.6	45.6	32.8	7.2	0.7	0.1	6.6	100
独立取締役（外部取締役を含む）	人数	11	166	149	123	14	2	0	66	531
	割合	2.1	31.3	28.1	23.2	2.6	0.4	0	12.4	100
合計	人数	16	227	569	425	80	8	1	127	1,453

注：小数点1位未満四捨五入。
出所：各社の「2010年年度報告書」により筆者作成（内訳は図表2-1と同様）。

図表 2-6 上場会社 150 社における監査役の学歴

(単位:名,%)

	博士		修士		大学		大専		専門学校		高校		技校		党校		不明		総人数
	人数	割合	人数	割合	人数	割合	人数	割合	人数	割合	人数	割合	人数	割合	人数	割合	人数	割合	
監査役(全体)	18	2.9	157	25.7	264	43.2	95	15.5	5	0.8	7	1.1	1	0.2	2	0.3	62	10.1	611
うち																			
監査役会主席	8	5.6	42	29.4	51	35.7	22	15.4	0		1	0.7	0		0		19	13.3	143
従業員代表	0		20	18.3	56	51.4	18	16.5	2	1.8	2	1.8	1	0.9	0		10	9.2	109

注:1) 1名は監査役会主席と従業員代表を兼任しており,監査役会主席にカウントしてる。
 2) 小数点1位未満四捨五入。
出所:各社の「2010年年度報告書」により筆者作成(内訳は図表2-1と同様)。

　上場会社150社における社内取締役|独立取締役(外部取締役を含む)を除いた取締役|の学歴をみると,ポスト・ドクターが0.5%(5名),博士が6.6%(61名)で,修士学位以上の社内取締役が社内取締役全体の52.7%(486名)を占めている。社内取締役の半数以上は大学院卒である(図表2-5参照)。

　これに対し,監査役は博士が2.9%(18名),修士が25.7%(157名)で,修士学位以上の監査役は監査役全体の28.6%しか占めてない(図表2-6参照)。監査役の修士学位以上の割合は社内取締役の割合の半数強であり,監査役の学歴は社内取締役の学歴に比べ,かなり低いことが分かる(図表2-5,2-6参照。年度が異なるものの,この結果は第1章での結果と基本的に合致している)。

　上述した平均年齢と学歴のみを考察した場合,中国の上場会社150社における分析から監査役の経験・学歴は取締役と比べてかなり低いことは明白である。

4.2 監査役と大株主との関連

図表2-7 監査役と大株主との関連性

(単位:名,%)

株主からの派遣	監査役会主席 人数	監査役会主席 全体に占める割合	従業員代表監査役 人数	従業員代表監査役 全体に占める割合	監査役(全体) 人数	監査役(全体) 全体に占める割合
筆頭株主	78	54.5	13	11.9	212	34.7
第2株主	7	4.9			28	4.6
第3株主	1	0.7			10	1.6
第4株主					4	0.7
第5株主					2	0.3
第6株主					2	0.3
第7株主					4	0.7
第8株主					1	0.2
第9株主					2	0.3
第10株主					1	0.2
その他(株主)					7	1.4
株主からの派遣と思われる人数(合計)	86	60.1	13	11.9	273	44.7
株主と関係ないと思われる人数	57	39.9	96	88.1	338	55.3
合計人数	143		109		611	

注:1) 株主からの派遣には,その株主の出資元からの派遣,その株主の親会社の関連会社からの派遣も含む。
2) 1名は筆頭株主と第3株主から派遣されているが,筆頭株主にカウントしている。
3) その他(株主)とは,大株主から派遣されているものの,その株主が不明であるものを指す。
4) 小数点1位未満四捨五入。
5) 150社のうち,7社は監査役会主席が明らかにされていない。
出所:各社の「2010年度報告書」により筆者作成(内訳は図表2-1と同様)。

図表2-7で示しているように,中国の上場会社において,監査役と大株主はかなり密接な関係であることが分かる。大株主からの派遣と思われる監査役は監査役全体の4割以上(44.7%)である。そのうち,筆頭株主からの派

遣と思われる監査役は監査役全体の3割以上（34.7%）で，大株主からの派遣と思われる監査役の大半は筆頭株主からの派遣である。監査役会主席を見た場合，その割合はさらに高くなっている。監査役会主席全体の6割以上（60.1%）は大株主の派遣と思われ，そのうち監査役会主席全体（明らかになっていない7社を除く）の半数以上（54.5%）は筆頭株主からの派遣である（図表2-7参照）。

中国の『公司法』では，株主総会は全株主で構成し，経営者たる取締役を選出，更迭するだけではなく，監査役の選出，更迭も行うなど会社の重要事項を決定する権限を有する会社の最高権力機関である[18]，と定められている。こうした法律体系からみても，中国の株式会社において，株主が株式会社の実質的所有者であり，主権者であることが前提になっている[19]。

すでに明らかになっているように，中国の上場会社の株式所有構造は「集中的所有構造」で，大多数の上場会社では大株主（特に筆頭株主）が多くの取締役を取締役会に派遣している。しかし，これらの取締役は必ずしも大株主の利益のための経営を行うとは限らない。場合によっては，これらの取締役は個人の名誉のため，或いは自己利益のために大株主の利益と相反する経営を行うことも考えられる。これらの取締役が真に派遣元の大株主利益のための経営を行っているかどうかを統治するためには，これらの取締役を大株主（特に筆頭株主）が何らかの方法で監督・監視する必要がある。このような監督・監視を行う際には，モニタリング・コストも発生する。大株主（特に筆頭株主）はこのモニタリング・コストを最小限に抑えることを望み，しかも可能な限り最も信頼できる人物に依頼することを望むはずである。これを実現する方法として，中国の上場会社においては，大株主は監督専門機関である監査役会に自ら監査役を送り込むことを選んでいると考えられる（図表2-7参照）。大株主が監査役会のメンバーに自らの利益を代弁する株主代表を送り込み，定期的に企業経営を監視し，経営者にプレッシャーを与える，いわゆる大株主による組織型ガバナンスが，中国の上場会社で展開されているといえる。

但し，大株主による派遣とはいえ，その多くは筆頭株主からの派遣である

(図表2-7参照)。筆頭株主はモニタリングを行うインセンティブが比較的に強い主体でもある。筆頭株主の派遣と思われる監査役の人数からも理解できるように，筆頭株主は最も信頼できる人物を最小限のモニタリング・コストで上場会社の経営陣に対し監督・監視を図ろうとしているのである。このような状況から，中国の上場会社においては，筆頭株主が意思決定機関である取締役会と内部監督機関である監査役会に対する圧倒的な影響力の強さを読み取ることができるのである。

筆頭株主から派遣されたこれらの監査役は筆頭株主の利益最大化に関心を持つことは当然と考えられるのに対し，一方で，中小株主ないしは他の利害関係者の利害に反する影響をもたらす可能性も出ているのである。

4.3 監査役の兼務実態

図表2-8と図表2-9は，上場会社150社における監査役の兼務状況である。この図表2-9から中国の上場会社において，9割以上（91.3％）の監査役は当該会社の監査役以外の他の職務を兼務していることがわかる。そのうち，2割弱（18.2％）の監査役は当該会社の監査役以外にも2つ以上の職務を兼務している。「監査役」が本業なのか，それとも「他の職務」が本業なのか，なお不明である。このような事実からも中国の上場会社の監査役は確かに多忙であると考えられ，「監査」という仕事に十分な労力と時間を投入することができるのか，企業が十分に統治されているかどうかという疑問が生じる。十分な監督業務の担当時間が確保されることによって，監査役の最小限の役割が保障される。逆に，十分な当該業務の時間が確保されることができないとすれば，如何なる優秀な監査役もその役割を果たすことは難しいといえるであろう。

上場会社150社の監査役会主席の大株主での職務兼務状況をみると，半数以上（51.05％）の監査役会主席は大株主で職務を兼務していることが分かる。そのうち，筆頭株主での職務兼務が監査役会主席全体の43.36％である。つまり，監査役会主席の4割以上は筆頭株主で職務を兼務しているのである（図表2-10参照）。

第2章　上場会社における監査役の内部的性格

図表 2-8　上場会社 150 社における監査役の兼務状況 I

(単位：名，%)

	人数	兼務監査役に占める割合	監査役全体に占める割合
当該会社での職務の兼務	209	37.5	34.2
他企業での職務の兼務	318	57.0	52.0
当該会社・他企業での職務の兼務	31	5.6	5.1
合計	558	100	91.3

注：1)　150 社における監査役の総数は 611 名である。
　　2)　小数点 1 位未満四捨五入。
出所：各社の「2010 年年度報告書」により筆者作成（内訳は図表 2-1 と同様）。

図表 2-9　上場会社 150 社における監査役の兼務状況 II

(単位：名，%)

	人数	監査役全体に占める割合
兼務	558	91.3
うち：2 つ以上職務の兼務	111	18.2
兼務なし	53	8.7
合計	611	100

注：1)　図表 2-8 の 1) と同様。
　　2)　小数点 1 位未満四捨五入。
出所：各社の「2010 年年度報告書」により筆者作成（内訳は図表 2-1 と同様）。

　監査役会主席の筆頭株主で兼務している職務のうち，最も多い職務は党の幹部としての職務である。その次に経営陣としての職務である。大株主全体での職務を見た場合，経営陣が最も多く，その次に党の幹部である。監査役にとって必要とされる財務・証券・法律関係者はそれほど多いとはいえない。このような事実から，中国の上場会社において監査役会主席と党組織の関係はかなり密接で，大株主における党の幹部が監査役会主席を兼務していることが一般的な構図であることが伺える。
　次に，監査役の兼務先をみると，他企業での職務の兼務の割合が最も多く，監査役全体の 52.0％を占めている。当該会社での職務の兼務の割合は監査役全体の 34.2％，当該会社・他企業での職務の兼務は 5.1％を占めている。

図表 2-10　監査役会主席と大株主における兼務状況

(単位：名，%)

大株主	大株主における職務	人数	監査役会主席全体に占める割合
筆頭株主	経営陣	31	21.68
	幹部	3	2.1
	財務・証券・法律関係	13	9.09
	監査役	5	3.5
	党の幹部	34	23.78
	その他	1	0.7
筆頭株主関係者		62	43.36
第2株主	経営陣	4	2.8
	監査役	1	0.7
	党の幹部	3	2.1
	工会主席	1	7.0
第2株主関係者		6	4.2
第3株主	経営陣	3	2.1
第3株主関係者		3	2.1
第6株主	経営陣	1	0.7
第6株主関係者		1	0.7
第7株主	経営陣	1	0.7
第7株主関係者		1	0.7
全体の合計		73	51.05

注：1)　職務は多項選択で，兼務が含まれる。そのため，職務に占める人数と大株主関係者の合計人数は一致しないことがある。監査役会主席の総数は143名である（7社の監査役会主席は明らかにされていない）。
　　2)　小数点2位未満四捨五入。
出所：各社の「2010年年度報告書」により筆者作成（内訳は図表2-1と同様）。

つまり，中国の上場会社の監査役の大多数は当該会社の監査役以外に他の職務を兼務しており，そのうち半数以上は他企業での職務を兼務しているのである（図表2-8参照）。

このように，監査役が兼任する職務は多種多様である。その職務の兼務状況を大株主との関連，当該会社における職務の兼務状況，他社における兼務

図表 2-11　監査役と大株主における兼務状況

(単位：名，%)

大株主	大株主における職務	人数	監査役全体に占める割合	大株主	大株主における職務	人数	監査役全体に占める割合
筆頭株主	経営陣	20	4.27	第4株主	財務・証券・法律関係	2	0.42
	幹部	19	4.06	第4株主関係者		4	0.85
	財務・証券・法律関係	51	10.9	第5株主	財務・証券関係	2	0.42
	監査役	7	1.5	第5株主関係者		2	0.42
	党の幹部	20	4.27	第6株主	経営陣	1	0.21
	工会主席（副主席）	11	2.35		財務・証券・法律関係	1	0.21
	その他	3	0.64				
筆頭株主関係者		112	23.93	第6株主関係者		2	0.42
第2株主	経営陣	5	1.07	第7株主	経営陣	1	0.21
	幹部	3	0.64		幹部	1	0.21
	財務・証券・法律関係	13	2.78		財務・証券・法律関係	2	0.42
	監査役	1	0.21	第7株主関係者		4	0.85
	党の幹部	3	0.64	第9株主	幹部	1	0.21
	その他	1	0.21		財務・証券・法律関係	1	0.21
第2株主関係者		21	4.49	第9株主関係者		2	0.42
第3株主	幹部	6	1.28	第10株主	経営陣	1	0.21
	財務・証券関係	3	0.64	第10株主関係者		1	0.21
第3株主関係者		9	1.92	株主(不明)	経営陣	1	0.21
第4株主	経営陣	1	0.21	全体の合計		158	33.76
	幹部	2	0.42				

注：1)　職務は多項選択で，兼任も含まれる。そのため，職務に占める人数と大株主関係者の合計人数は一致しないことがある。
　　2)　ここで取上げている監査役は監査役会主席を除いた監査役で，総人数468名である。
　　3)　小数点2位未満四捨五入。
出所：各社の「2010年年度報告書」により筆者作成（内訳は図表2-1と同様）。

状況の3つの側面から分析を進めていきたい。

　図表 2-11 からも分かるように，上場会社 150 社の監査役（監査役会主席を除く）の 33.76％は大株主で職務を兼務している。その大半は筆頭株主での兼務である。このような事実から分かるように，筆頭株主は監査役を通じて監督権力を行使している。つまり，筆頭株主による監督権力が集中しているともいえるだろう。

　監査役の筆頭株主における兼務状況をみると，最も多いのが財務・証券・法律関係である。筆頭株主は監督・監視に必要な専門知識の持主を会社に送り込んで自らの利益の保護を図ろうとしていることが分かる。その次に多いのは，筆頭株主の経営に携わる経営陣と党の幹部である（図表 2-11 参照）。筆頭株主は経営陣のメンバーと幹部，党の幹部を会社に派遣して，監督・監視を強化しようとしていることが伺える。中国の上場会社において，筆頭株主の経営陣の一員でありながら出資先企業の監査役の兼務，筆頭株主の幹部，党の幹部でありながら出資先企業の監査役との兼務の構図が明らかである。

　筆頭株主を除いた大株主における職務の兼務状況を見た場合，財務・証券・法律関係の職務が圧倒的に多く，次に大株主の幹部と経営陣という職務である。筆頭株主を含む大株主はモニタリング・コスト削減のために，専門知識を持っている身内の人物を監査役会に送り込んでいることが分かる。しかし，このような過度な監督権力の集中は大株主，特に筆頭株主による不祥事の要因にもなるといえるだろう。

　図表 2-13 は他社における監査役（監査役会主席を除く）の兼務状況である。監査役（監査役会主席を除く）の他社における兼務の職務の上位5は経営陣，監査役，財務・証券・法律関係，政府関係者，幹部である。特に経営陣という職務の兼務が圧倒的に多い（他社における監査役会主席の兼務状況においてもほぼ同じ結果が出ている。図表 2-12 参照）。大株主における職務の兼務状況では，財務・証券・法律関係が圧倒的に多いのに対し，他社での職務の兼務状況では経営陣という職務が最も多く，財務・証券・法律関係は3番目である。

図表 2-12 他社における監査役会主席の兼務状況

(単位:名,%)

	人数	監査役会主席全体に占める割合
経営陣	18	12.59
幹部	3	2.10
財務・証券・法律関係	5	3.50
監査役	14	9.80
党の幹部	8	5.60
工会主席	1	0.70
政府関係者	4	2.80
合計	40	27.97

注:1) 職務は多項選択で,兼任も含まれる。そのため,職務に占める人数と合計人数が一致しないことがある。監査役会主席の総人数は143名である。
　　2) 小数点2位未満四捨五入。
出所:各社の「2010年年度報告書」により筆者作成(内訳は図表2-1と同様)。

図表 2-13 他社における監査役(監査役会主席を除く)の兼務状況

(単位:名,%)

当該会社以外における職務	人数	監査役全体(監査役会主席を除く)に占める割合
経営陣	61	13.03
幹部	10	2.14
財務・証券・法律関係	16	3.42
監査役(独立監査役を含む)	23	4.91
党の幹部	9	1.92
工会(副)主席	5	1.07
中間管理者	1	0.21
政府関係者	10	2.14
政協委員	1	0.21
大学教授(副教授を含む)	6	1.28
独立取締役	3	0.64
協会役員	5	1.07
その他	4	0.85
合計	128	27.35

注:1) 職務は多項選択で,兼任も含まれる。そのため,職務に占める人数と合計人数が一致しないことがある。監査役(監査役会主席を除く)の総人数は468名である。
　　2) 小数点2位未満四捨五入。
出所:各社の「2010年年度報告書」により筆者作成(内訳は図表2-1と同様)。

図表 2-14 当該会社における監査役会主席の兼務状況

(単位：名, %)

当該会社における職務	人数	監査役会主席全体に占める割合
経営陣	2	1.40
幹部	11	7.70
党の幹部	25	17.48
工会（副）主席	12	8.39
合計	39	27.27

注：1）職務は多項選択で，兼任も含まれる。そのため，職務に占める人数と合計人数が一致しないことがある。監査役会主席の総数は143名である。
　　2）小数点2位未満四捨五入。
出所：各社の「2010年年度報告書」により筆者作成（内訳は図表2-1と同様）。

図表 2-15 当該会社における監査役の兼務状況

(単位：名, %)

当該会社における職務	人数	監査役全体（監査役会主席を除く）に占める割合
経営陣	28	5.98
幹部	84	17.95
財務・証券・法律関係	40	8.55
党の幹部	35	7.48
工会（副）主席	26	5.56
中間管理者	7	1.50
その他	3	0.64
合計	201	42.95

注：1）職務は多項選択で，兼任も含まれる。そのため，職務に占める人数と合計人数が一致しないことがある。監査役全体（監査役会主席を除く）の総数は468名である。
　　2）小数点2位未満四捨五入。
出所：各社の「2010年年度報告書」により筆者作成（内訳は図表2-1と同様）。

図表2-15から分かるように，多くの監査役は当該会社でも監査役以外の職務を兼務しているのである。監査役会主席と監査役が当該会社で兼務する職務は様々である。監査役会主席の当該会社での職務の兼務で圧倒的に多いのは党の幹部役職で，監査役の最も多い職務の兼務は会社の幹部という職務

である（図表 2-14，2-15 を参照）。

　監査役（全体）の当該会社での兼務については，当該会社の幹部を兼務する監査役が最も多く，95 名（監査役主席 11 名，監査役 84 名）である。また，当該会社の中間管理者を兼務する監査役も 7 名いる。これらの幹部，中間管理者は会社の内部人間で，会社内部の管理者として，取締役会と経営陣の指導をうける実質上監督・監査対象者たる取締役と経営陣の部下でもある。一方，これらの監査役は監査役として『公司法』に基づいて，取締役会と経営陣を監督しなければならない。つまり，これらの監査役は自分の上司に対し監督権を行使することになる。しかも，これらの監査役の待遇，昇進などは監督対象である上司，または経営者によって掌握されているのである。部下が実質上の上司である取締役を監督するような関係においては監査役の独立性を保証することは難しく，監督・監視する力も発揮し得ないという問題点が浮き彫りになる。このような会社では，監査役が矛盾する二重身分を持ち，監査役と監督対象は被指導，被指揮の立場にあり，監査役が被監督者に支配される現象が生み出されているのである。

　また，監査役の当該会社での職務兼務で，一部の監査役は経営陣の一員で，マネジメントにも携わっている。一部の上場会社では，マネジメントに携われる者が監査役を兼務することで，監査役が経営から独立できず，経営と監督が完全に分離されていないことも明らかになった。

4.4　監査役と党組織との関係

　図表 2-16 は上場会社 150 社における監査役と党組織との関係である。上場会社 150 社における監査役の 5 割弱（45.2％）は共産党員と思われる。また，党の幹部職を兼務している監査役は監査役全体の 3 割弱（27.0％）を占めている。そのうち，監査役会主席と党組織の関係をみた場合，監査役会主席の 6 割以上（61.5％）が共産党員で，監査役会主席全体の半数以上（50.4％）は党の重要なポストを兼務しているのである。特に，監査役会主席の共産党員，党の幹部職兼務の割合はその他の監査役と比べ比較的高いことが分かる。

4 上場会社における監査役の内部的性格の分析 47

図表 2-16　150 社における監査役と党組織との関係

(単位：名，%)

		監査役全体		監査役会主席		従業員代表	
		人数	割合	人数	割合	人数	割合
中国共産党員	党委書記，または副書記	69	11.3	38	26.6	8	7.3
	紀委書記，または副書記	43	7.0	19	13.3	9	8.3
	党委副書記兼紀委書記	12	2.0	1	0.7	1	0.9
	党（総）支部書記，副書記	11	1.8	3	2.1	2	1.8
	党委常委	4	0.6	4	2.8	0	0
	その他（党の幹部職）	26	4.3	7	4.9	3	2.8
	合計（党の幹部）	165	27.0	72	50.4	23	21.1
	一般党員	111	18.2	16	11.2	23	21.1
	合計（共産党員）	276	45.2	88	61.5	46	42.2
非中国共産党員		335	54.8	55	38.5	63	57.8
全体合計		611	100	143	100	109	100

注：1)　一般党員とは，「年度報告書」に中国共産党と記入されているものを指す。
　　2)　非中国共産党員とは，「年度報告書」の政治状態が空白になっているものである。
　　3)　その他（党の幹部職）には，党委書記，または副書記，紀委書記，または副書記，党委副書記兼紀委書記，党（総）支部書記，副書記，党委常委の以外に党の重要なポストに就いているものを指す。
　　4)　小数点1位未満四捨五入。
出所：各社の「2010 年年度報告書」により筆者作成（内訳は図表 2-1 と同様）。

　一方，監査役と党組織の兼務状況をみると，最も多いのが党委書記，または党委副書記という党のポストで11.3%を占めている。監査役会主席のみを見た場合，3割弱（26.6%）の監査役主席が党委書記，または党委副書記のポストを兼務しているのである。このようなことから，中国の上場会社において，監査役会主席は監査役としての必要な法律，財務，技術に関する専門知識と経験の重視よりも当該会社における党組織に関する政治思想の仕事への従事を大事にしているようにみえる（図表 2-16 参照）。

　上記のように，中国の上場会社において監査役は党組織と密接に関わっていることが分かる。監査役が党内の職務を兼務することは，党委員会による指導を受けなければならないことでもある。党委員会の多くのメンバーは会社の取締役，経営陣を兼務しており，彼らは監査役の監査対象でもある。こ

のような状況では，監査役は監督によって生じる自身に対する不利な影響を考慮し，不監督または形式的監督という選択肢を選ぶことも考えられるはずである。

4.5 監査役会における従業員代表監査役

　従業員代表監査役の平均年齢は監査役全員の平均年齢よりも2歳以上若く，取締役の平均年齢よりは6歳以上若い（図表2-3，2-4参照）。従業員代表監査役の学歴をみると，修士学位以上の割合は18.3％である。これは監査役，取締役の学歴と比べればいずれも低い。総じて，従業員代表監査役は他の監査役及び取締役より専門知識，学歴，経験の面で劣っているともいえるのである。中国の『公司法』には，従業員代表監査役の役割，その権限に関して明確には定められていない。不明点が多い。しかし，上述したデータから，少なくとも従業員代表監査役に求められているものは，高度な専門知識，豊富な経験が必要とされる会計監査，業務監査よりも会社の従業員に関する利益保護に期待されるところが大きいと推測できる。

　図表2-17から分かるように，従業員代表監査役の9割以上（91.74％）は職務を兼務している。従業員代表監査役は他の業務をしながら，監査役という職務を全うするのが中国の上場会社の一般的な構図ともいえる。

　従業員代表監査役の兼務状況を主に3つの側面から考察したい。その3つの側面とは，大株主における兼務，当該会社以外における兼務，当該会社における兼務である。大株主における兼務は筆頭株主での兼務のみであることが分かる（図表2-17参照）。従業員代表監査役全体の1割弱（8.26％）は筆頭株主で職務を兼務している。つまり，一部の上場会社において従業員代表監査役は筆頭株主と何らかの関係を持っていることが伺える。筆頭株主における兼務状況を見た場合，最も多い職務形態は筆頭株主における経営陣であることが分かる。中国の上場会社には，ごく一部とはいえ，筆頭株主の経営に携わりながら，出資先の会社で従業員代表の身分として監査役に参加している企業も存在しているのである。このような「従業員代表監査役」は真の従業員の代弁者といえるのであろうか。これらの「従業員代表監査役」は従

図表 2-17　従業員代表監査役の兼務状況

(単位：名，%)

兼務先	兼務と思われる職務	人数	従業員監査役全体に占める割合
筆頭株主	経営陣	4	3.67
	党の幹部	2	1.83
	工会（副）主席	3	2.75
	財務・証券・法律関係	2	1.83
	合計	9	8.26
当該会社以外	経営陣	8	7.34
	幹部	2	1.83
	財務・証券・法律関係	3	2.75
	監査役	3	2.75
	工会（副）主席	1	0.92
	政府関係者	1	0.92
	中間管理者	1	0.92
	合計	16	14.68
当該会社	経営陣	16	14.68
	幹部	37	33.94
	財務・証券・法律関係	13	11.93
	党の幹部	12	11.01
	工会（副）主席	11	10.09
	中間管理者	4	3.67
	総工程師	1	0.92
	技術員	1	0.92
	合計	75	68.81
合計（全体）		100	91.74

注：職務は多項選択で，兼任も含まれる。そのため，職務に占める人数と合計人数が一致しないことがある。従業員代表監査役の総数は109名である。
出所：各社の「2010年年度報告書」により筆者作成（内訳は図表2-1と同様）。

業員利益の保護より筆頭株主の利益を優先する監督・監視を行うことはないであろうか。このことについて疑問を強く感じるところである。

　従業員代表監査役の当該会社以外の職務の兼務は14.68％で，筆頭株主と当該会社以外での兼務状況は従業員代表監査役全体の22.94％を占めている（図表2-17参照）。

従業員代表監査役の職務兼務状況で，最も多いのは当該会社での兼務である。当該会社での兼務は従業員代表監査役の68.81％である。つまり，7割弱の従業員代表監査役は当該会社において，従業員代表監査役以外の職務を兼務しているのである。その職務を詳しくみると，当該会社の幹部という職務が最も多く，その次に経営陣と思われる。財務・証券・法律関係は3番目に多いものとなっている（図表2-17参照）。

　このような状況から，中国では従業員代表監査役における従業員の定義は広くとられ，当該会社の重要なポストを担当する上級管理職まで含まれていることが分かる。従業員代表監査役として選出される従業員代表の多くは会社で一定のポストを持っている従業員である。また，14.68％の従業員代表監査役は当該会社の経営陣の一員とも思われる。会社の経営に携わりながら，従業員代表として監査役に参加することは，本来の従業員代表監査役に求められる役割を十分に果たすとは考えにくいものとなっている。

　従業員代表監査役は会社の従業員として他の職務も兼任している。むしろ監査役という職務は従業員の兼職に過ぎないのかもしれない。従業員代表監査役は会社の内部人間であることは経営層から制約を受けやすいことでもある。このような状況は，従業員代表監査役が職権を履行する際に，会社の大株主や経営陣に対立することで，不安を感じる要素にもなりえるはずである。

　また，図表2-16から分かるように，従業員代表監査役の半数弱（42.2％）は共産党員で，21.1％の従業員代表監査役は党組織の幹部でもある。従業員代表監査役と党組織もまた密接な関係であり，2割以上の従業員代表監査役は党組織の重要なポストを占めているのである。

5　おわりに

　本章では，中国の上場会社における監査役の内部的性格と企業統治との関連性を検討するために，上場会社150社を取り上げ，監査役の内部的性格に

関する具体的な内容の分析を試みた。150社における監査役を分析した結果，中国における上場会社の監査役の内部的性格として，監査役の資質は社内取締役より劣っていると考えられること，監査役の大多数は大株主から送り込まれ，そのうち，大半は筆頭株主から送り込まれていること，筆頭株主から送り込まれた監査役は財務・証券・法律関係の専門知識の持主であること，などが明らかになった。また，監査役の大多数は他の職務を兼任しており，党組織と密接な関係であること，半数以上の会社では『公司法』で定められている従業員代表監査役を明らかにしていないこと（このことに関しては図表1-14を参照），などが浮き彫りになった。

　上述した内容から中国の上場会社では，大株主（特に筆頭株主）が取締役会に多数の取締役を派遣して当該会社の意思決定に参加すると同時に，監査役会にも多数の監査役を派遣して監査を行うなど大株主による組織型ガバナンスが行われているといえる。

　このような状況からいえることは，中国の上場会社の企業統治において筆頭株主の存在があまりにも大きいということである。大株主（特に筆頭株主）による企業監視が実現されているとはいえ，その結果逆に，中小株主をはじめとする他の利害関係者の権益に損害を与える事態を招くことに発展していると言わざるをえない。これが上場会社の不祥事に対し，監査役会が見逃す原因の1つともいえると思う。

　中国の上場会社において，大株主（特に筆頭株主）は取締役会を監督・監視するために，自ら多数の監査役を監査役会に送り込んでいることが既に確認されている。これらの監査役の監督対象には大株主（特に筆頭株主）が自ら派遣した多数の取締役も含まれている。大株主（特に筆頭株主）は，大株主と取締役との間で利害の不一致によって生じる取締役の非倫理的で，非効率的な行動に対して，最小限のモニタリング・コストで抑制，防止しようとしていることが浮き彫りになっている。特に大株主から送り込まれる監査役は財務・証券・法律関係者が最も多く，監査役としての専門知識を持っているといえる。しかし，現実には監査役会による独自の意見は取締役会の意見（独立取締役意見を含む）と重なるなど取締役会に対する監査役会の独自の

立場での否定的意見は少ないのである[20]。このようなことは，大株主から派遣された監査役は同じく大株主から派遣された取締役に対し「安心，信頼」の態度を取っているようにみえるが，その本質は監査役会の独立性の低さと取締役会によるコントロールにあるのではないかと思われる。

以上の分析内容を踏まえて，中国の上場会社における監査役の内部的性格と企業統治に関して，次のように要約することができると思う。

① 中国の上場会社において，取締役と監査役の多くは大株主（特に筆頭株主）から派遣されている。また，多くの監査役は当該会社の監査役以外の職務を兼務しており，監査役は上司である取締役に対し，十分に監督・監視できない立場に置かれていると考えられる。

② 中国の上場会社の大多数の監査役は極めて多忙であり，企業統治監査機能を遂行するために十分な時間，労力を投入できていないと考えられる。

③ 大株主は自ら派遣した取締役を最も効率的に監督・監視するために専門知識を持つ監査役を自ら派遣している。このような背景では，大株主による自己利益の追求に走る不祥事が生じたとしても，大株主から派遣された監査役は不祥事の阻止に消極的であったり，黙認したりすることが考えられる。

④ 従業員代表監査役の導入について，企業側は企業統治における従業員代表監査役の役割を十分に理解しておらず，形骸化されていると考えられる。

注
1 この点に関しては，菊澤（2004）『比較コーポレート・ガバナンス―組織の経済学アプローチ』を詳しく参照されたい。
2 劉（2008）によれば，2002年と2003年のサンプル上場会社1190社と1245社のうち，監査役会による否定的独立意見を提出した会社はそれぞれ48社と51社で，極めて少ないことを指摘した。
3 2002年と2003年に219社と246社が違法で起訴されていたが，そのうち17社と29社だけ会社の監査役会の指摘を受けていた。劉（2008）。
4 集中的所有構造は中国だけの特徴ではなく，多くの国で株式会社の所有構造における集中的所有構造が指摘されている。例えば，日本とドイツの集中的所有構造についてはBerglof & Perotti (1994) Fanks & Mayer (1995) の報告があり，アメリカの集中的所有構造に関してはHolderness (2002) の報告がある。しかし，中国の集中的所有構造は中国の独特の特徴があり，支配株主の割合が極めて高く，支配株主として国家株が圧倒的に多い。中国の集中的所有構造に

ついては，金山（2008）に詳しい。
5 コーポレート・ガバナンスとエージェンシー理論の関係については，菊澤（2003）に詳しい。
6 袁萍・刘士余・高峰（2006）「关于中国上市公司董事会，监事会与公司业绩的研究」『金融研究』2006年第6期（总第312期）。「トンネル（tunneling）効果」に関しては，Johnson, La Porta, Silanes and Shleifer（2000）が指摘した。
7 監査役と独立取締役の職権，独立取締役の企業統治における位置づけ，などの問題に対し，『公司法』の制定の際に，様々な意見を参考にしながら審議を経て，現在の監査役会，独立取締役の制度を設けた。これに関しては，王保樹（2011）「中国における独立董事（独立取締役）制度の運用に関する留意点」『監査役』No.587 58-59頁に詳しい。
8 『上場企業の独立取締役制度の構築に関する指導意見』（2001年8月16日発布）では，「独立取締役は取締役会に会計士事務所の招聘または解任の提議，独立に外部監査機関と諮問機関の招聘，などの権限を有する。」と定めている。『公司法』第53条第1では，「監査役会は会社の財務を検査する権限を有する。」と定めている。
9 『上場企業の独立取締役制度の構築に関する指導意見』では，「独立取締役は高級管理人員を招聘，または解任，中小株主権益を損害する可能性がある事項に対する独立意見の発表，などの権限を有する。」と定めている。監査役会の権限について，『公司法』第53条第2では，「取締役，高級管理人員の会社職務の執行行為に対し，監督を行う。法律，行政法規，会社定款或いは株主会の決議を違反する取締役，高級管理人員に対し，罷免を提案する。」第3では，「取締役，高級管理人員の行為が会社の利益に損害を与える際には，取締役，高級管理人員に対し，是正を求める。」と定めている。
10 『上場企業の独立取締役制度の構築に関する指導意見』では，「独立取締役は取締役会に臨時株主総会の召集を提議する権限を有する。」と定めている。監査役会の権限について，『公司法』第53条第4では，「臨時株主会の召集を提議する。」と定めている。
11 詳しくは，邵东亚（2003）を参照されたい。
12 董佰壹（2008）「论我国独立董事与监事会的冲突与协调」『河北大学学报』（哲学社会科学版）2008年第5期第33卷（总第143期）79-80頁。
13 モニタリング・コストとは，プリンシパルがエージェントの行動を監視する際に，発生するコストである。ジェンセン（Jensen, 2000）によれば，エージェンシーコストは，モニタリング・コスト，ボンディング・コスト，残余ロス，契約コストの4つに区別されている。中国の上場会社におけるモニタリング・コストは，プリンシパルの一員である大株主が自ら派遣した取締役，つまりエージェントを監視するためのコストでもある。
14 『共同決定法』に対する肯定的な評価については，Furlong（1977）に詳しい。
15 『共同決定法』に対する否定的な評価については，Pejovich（1995）に詳しい。また，ドイツの共同決定法をめぐる一般的評価については，菊澤（2004）94-98頁を参照されたい。
16 ドイツの共同決定法の所有権理論分析については，菊澤（2004）101-104頁に詳しい。
17 この点に関しては，吉村（2010）によるドイツ型の長所を参照した。
18 『公司法』第98条，第99条，第37条第1項による。
19 田村（2002）は日本の株式会社において，株主が株式会社の実質的所有者であり，主権者であることが前提になっていると指摘している。田村達也（2002）『コーポレート・ガバナンス』中公新書，97頁。
20 劉（2008）は，2002年度と2003年度の上場会社（A株）1190社と1245社を選定し，監査役会における否定的独立意見の提出状況を調べた。2002年度には48社，2003年には51社で監査役会による否定的独立意見が出され，そのうち，それぞれ25社と27社の否定的独立意見は取締役会の意見と重なっている。李爽・呉渓（2003）の調査研究でも同じ指摘が見られる。

第 3 章
中国の企業統治システムと独立取締役の役割

1 はじめに

　企業統治の健全化を図るための有効な手段の1つとして，社外取締役，独立取締役の導入が注目されている。英国，アメリカでは企業統治改革において，社外取締役，独立取締役の役割に大いに期待し，これらに関する制度的規制を強化している。社外取締役，独立取締役の導入は必ずしも企業統治の万能とはいえないが，企業統治をより健全化に導く要素としては可能と思われる。第2章で触れたように，中国の上場会社では，独立取締役の導入が義務化されている。独立取締役の導入の主な目的は支配株主による支配的地位の濫用を監督・防止し，株主全体の利益保護，とりわけ侵害されやすい中小株主の権益保護を図ることである。しかし，実情において独立取締役は本来期待されているその役割を果たしているであろうか。このことについては，賛否両論がある。否定的な見解として，独立取締役は機能していない，または独立取締役は自らの役割を果たそうとしても，会社からの妨害を受ける等々が挙げられる。本章では，上場会社150社を分析対象とし，独立取締役の質的属性を考察した上で，独立取締役を取り巻く環境についての分析を行い，中国の企業統治システムにおける独立取締役に関する問題の所在について検討したい。

2 中国における独立取締役 (Independent Director)

2.1 制度面からみた独立取締役の役割

　中国の『公司法』は，独立取締役に関して，「上場会社は独立取締役を設置する。その具体的な規則は国務院が規定する。」（第122条）と法的義務として定めたものの，それ以外の独立取締役の具体的条件については規定していない。『公司法』では上場会社に独立取締役の設置の義務化を法制化しているものの，その他の規定については国務院の規定に従うことを求めている。国務院（厳密にいうと国務院直轄下の中国証券監督管理委員会）が発布した独立取締役に関する規定として，次の2つが挙げられる。1つは，『上場会社における独立取締役制度の設立に関する指導的意見』（中国語：关于在上市公司建立独立董事制度的指导意见。2001年8月16日発布，以下『指導意見』と略す），もう1つは，『上場会社の企業統治準則』（中国語：上市公司治理准则。2002年1月7日発布）である。

　『指導意見』は，独立取締役について次のように規定している。「独立取締役とは，上場会社において，取締役以外の他の職務を兼任せず，また招聘された上場会社及びその主要株主との間に，独立して客観的な判断を行うことに妨げとなる恐れのあるような関係にない取締役でなければならない」（1条1項）。また，「独立取締役は，独立して職責を履行しなければならず，上場会社の主要株主，事実上の支配者，またはその上場会社との利害関係がある機関もしくは個人の影響をうけない」（1条2項）と，規定している。

　『指導意見』に基づくと，中国の上場会社における独立取締役の役割は監督，提案，意思決定への参加，監督補佐（独立取締役の監督責任の履行であるが，独立取締役自身による監督が極めて難しい場合，外部の組織または機構を招聘して監査・検査を行う役割）にまとめられる。その中でも監督役割が極めて重要視され，『指導意見』では「独立取締役は，中小株主の権益に損害を与える可能性があると考えられる事項，或いは公司定款で定められた

その他事項に対し，取締役会または株主総会で独立した意見を発表する」と定められている。このように，制度面では独立取締役が支配株主と経営陣を監督し，中小株主の利益が侵害を受けないように保護することが強く期待されている[1]。

つまり，中国における独立取締役[2]の導入の目的は英国，アメリカ，日本と同様であり，客観的な立場で，会社への提案，独立的に意思決定への参加，経営管理への監督であることが明らかである。独立した立場に立ち，経営の健全性を図ることが，中国の上場会社が独立取締役を導入する目的の1つである[3]。この目的に関しては，中国の上場会社における独立取締役の役割は他国と同様であるといえる。

2.2 上場会社における独立取締役の導入の背景
〜英米型（Anglo-Saxon）との相違〜

『指導意見』（1条2項）では，「独立取締役は，会社及び全ての株主に対して，誠実かつ勤勉の義務を負い，会社全体の利益を保護しなければならず，特に中小株主の合法的な利益が損害を受けないように注意を払わなければならない。」と定められている。即ち，独立取締役の重要な役割の1つとして，中小株主の合法的な利益保護が挙げられているのである[4]。中国の『公司法』では，上場会社には内部監督機関として，監査役会が取締役会と同列の機関として設けることが求められている。つまり，内部監督機関が存在しているにも関わらず，独立取締役を導入して，中小株主の合法的な利益保護を図ろうとする背景には，監査役会におけるメンバーの構成と選任過程における問題，監査役会が取締役を制約するために十分でないという権限の少なさが指摘されている[5]。第2章で指摘したように，多数の監査役は支配株主から指名された者で，指名された監査役は自分を指名した支配株主に対し，十分な監督を行うことは現実的に難しいと考えられている。中国の上場会社における支配株主の問題は，企業統治と密接な関係がある。当然のことながら，支配株主の存在は中国の上場会社における株式の集中的所有によって生じる問題でもあると考えられる。そのことは，中国の上場会社の株式の

集中的所有を時系列に観察してみても明らかである。

例えば、1999年度における上場会社の株式所有構造をみた場合、上場会社の筆頭株主の持株比率は全体の平均で46.54％、上位3大株主の平均持株比率は57.98％で、株式所有の集中度が極めて高いことがわかる[6]（図表3-1参照）。

図表3-1　上場会社における上位5大株主の持株比率（1999年度）

(単位：％)

株主	平均値	中央値	標準偏差値	最大値	最小値
筆頭株主	46.54	44.67	29.96	88.58	2.29
第2株主	8.22	4.83	10.62	41.26	0.08
第3株主	3.22	1.91	3.61	24.75	0.02
第4株主	1.85	1.07	2.15	16.7	0.02
第5株主	1.22	0.71	1.38	11.86	0.01

注：サンプル数922社。
出所：魏纲（2001）『中国上市公司股利分配問題研究』東北財経大学出版社、49頁。

また、2003年度における上場会社の株式所有の集中度も同様に極めて高いことが確認できる。図表3-2で分かるように、2003年度の上場会社における筆頭株主の持株比率の平均値は48.16％である（図表3-2参照）。つま

図表3-2　上場会社における上位5大株主の持株比率（2003年度）

(単位：％)

株主	平均値	中央値	標準偏差値	最大値	最小値
筆頭株主	48.16	50.08	18.05	85.00	9.56
第2株主	8.34	4.36	9.87	42.79	0.08
第3株主	2.60	1.13	3.44	20.99	0.06
第4株主	1.33	0.68	1.68	10.12	0.04
第5株主	0.89	0.52	1.08	7.30	0.04

注：1）サンプル数200社。
　　2）小数点2位未満四捨五入。
出所：白涛（2005）「中国における企業統治システムの構造―上場企業を中心に―」
　　『経営哲学』経営哲学学会、2005年8月第2巻、49頁。

り，1999年度，2003年度の上場会社における株式所有の集中度は極めて高く，筆頭株主の持株比率の平均値は1999年度，2003年度において，基本的に変わりがないことが分かる。

　上述のデータからも分かるように，中国の上場会社における発行済株式総数の50％近くは，筆頭株主が所有しているため，筆頭株主が会社の権限を握っていると言わざるをえない。これは，中国独特の歴史的背景及び制度的問題に由来しているものと指摘できるが[7]，こうした背景で筆頭株主の強大な特権の問題点等が指摘されている。ところが，2010年度の上場会社における株式の所有集中度をみると，一定の変化がみられることが確認できる。2010年度の筆頭株主の持株比率の平均値は1999年度，2003年度に比べ10％弱低い39.14％なのである（図表2-1参照）。

　2010年度の筆頭株主の持株比率が1999年度，2003年度に比べ低いという背景には，2001年と2005年に行われた上場会社における国有株（国家株＋国有法人株）の売却によることが挙げられる。周知のように，中国における上場会社は国有企業が株式会社に改組されて上場を果たした企業が大多数である。これらの上場会社では，国家が直接的または間接的に株主である国有株が圧倒的な割合を占めている。このような状況では，所有権と経営権の実質的な分離が難しい。有効な企業統治の確立を図るためには，国有株の比率を引き下げる必要があった。これがいわゆる政府による「国有株の流通化改革」である[8]。しかし，2010年度の筆頭株主の持株比率は1999年度，2003年度と比べ10％弱低いとはいえ，2010年度の筆頭株主以外の上位4株主の持株比率は1999年度，2003年度と同様に極めて低く，かつ分散的であることについては変化が見られない。つまり，2～5位大株主の持株比率は，いずれも10％未満で，中国上場会社における株式所有構造は依然として筆頭株主による集中的所有であるといえるのである。

　このような一貫した株式の集中的所有構造は，支配株主による会社の株主総会と取締役会の支配を容易にさせ，その結果，支配株主が会社をコントロールすることは自明のことと考えられる。大株主による権力の濫用，上場会社における巨額の資金の占用等の不祥事は中国において頻繁に発生してい

る⁹。これらの会社の共通の特徴は，大株主が支配的地位を利用して，上場会社という看板を濫用し，多額の資金を獲得できることにある¹⁰。さらに，上場会社の株式の集中的所有は，支配株主による中小株主の利益侵害をもたらす。これは上場会社の企業統治の最も深刻な問題の1つともいえる。支配株主による中小株主の利害侵害は，支配株主の権力濫用と「内部者支配」によるもので，主に次のように示される。① 支配株主と上場会社が関連取引を行うという名目で，上場会社に被害を与えること，② 上場会社の資産を担保に銀行から融資を得て，その融資を支配株主が恣意的に不正流用すること，③ 内部者支配で生じる不当な資産の転化，関連の行動を通じて，大株主が上場会社の巨額の資金を恣意的に占用・流用するケース，等々である。一方，中小株主は会社の内部事情を把握するルートがなく，情報の非公開により多大な被害を受けていることになる。

このようなことを踏まえて，支配株主による中小株主への利益の損害を防止，抑制することを目的として，中国の上場会社は独立取締役制度を導入したともいえる。中国の上場会社の独立取締役には，支配株主による中小株主の利害の侵害を防ぎ，中小株主の合法的な利益が損害を受けないように，支配株主から派遣された取締役や高級管理者の経営行動を監督することが期待されているのである。

本来，独立取締役制度は，英米型の企業統治構造の下で導入・確立されたもので，株式会社の所有権と経営権の分離による産物でもある。英米の株式会社において，株式は高度に分散しているため，Berle and Means (1932) が提示した「所有と支配の分離」による委託―代理問題が生じる。株式の高度な分散による所有権と経営権の分離では，「経営者支配」の問題をもたらし，経営者は株主の利益より自己利益を追求することが十分に考えられ，株主の利益に損害を与える危険性は常に潜在している。そのため，株式会社の所有者である株主が経営者行動を如何にチェック・モニタリングするかという中心的な課題が登場したのである。その有効の手段の1つが，社外取締役，独立取締役の導入であった。すなわち，英米の株式会社において，社外取締役，独立取締役は株主の代弁者として，経営者に対し監督と制約を行使

し，株主の利益の最大化を実現することで，いわゆる「株主至上主義」を図ろうとしたものといえる。

　英米企業の社外取締役，独立取締役には，会社における経営の妥当性を監督し，全ての株主の利益が損害を受けないように保護することが期待されているのに対し，中国の独立取締役には，支配株主による支配的地位の濫用を監督・防止し，株主全体の利益を代表する立場に立って，侵害されやすい中小株主の権益保護と他の取締役（特に大株主から派遣された取締役）の経営行動を監督することが期待され，支配株主を監督するところに重点が置かれていると思われる。

3　上場会社における独立取締役の内的要素と企業統治
　　〜上場会社 150 社を中心に〜

　独立取締役が有効な監督，とりわけ中小株主の合法的な利益を保護するためには，いくつかの条件を満たすことが必要であると考えられる。その1つに，独立取締役としての適任性が挙げられる。次に，独立した立場に置かれているかどうかである。つまり，独立性の確保である。最後に，独立した意見，考え方を自由に述べる環境に置かれているかどうかである。ここでは，上場会社の独立取締役の適任性と置かれている環境に重点をおいて，分析を試みたい。何故ならば，独立取締役の独立性が確保できたとしても，独立取締役の適任性としての質的な属性が欠けている場合には，独立取締役としての役割を果たすことは困難であるからでる。その上に，最も重要と思われるのは独立取締役が置かれている環境であるといえる。適任性及び独立性が満たされたとしても，自由な発言ができない環境，または反対，提案を行ったとしても，採択されない環境では真の役割を論じることは難しいと言える。本章では，上海と深圳の2つの証券取引所に上場している会社 150 社を取り上げ，各社の「2010 年年度報告書」を用いながら，中国の上場会社における独立取締役の実態分析を進めていきたい。

3.1 上場会社の独立取締役の人数規模と企業統治

2010年度の上場会社150社の独立取締役の人数規模は図表3-3のとおりである。すなわち，2名が5社，3名が81社，4名が45社，5名が16社，6名が3社となる。独立取締役が3名の会社が最も多く（全体の54％），その次に，独立取締役が4名の会社である（全体の30％）。つまり，独立取締役が3～4名の会社が計126社で，全体の84％を占めている。

図表3-3　上場企業150社における取締役会の構成

(単位：名，社，％)

人数	社内取締役		独立取締役 （外部取締役を含む）		取締役会	
	会社数	150社における割合	会社数	150社における割合	会社数	150社における割合
18	0		0		1	0.67
15	0		0		4	2.67
14	0		0		1	0.67
13	0		0		6	4
12	1	0.67	0		8	5.33
11	0		0		24	16
10	4	2.67	0		11	7.33
9	1	0.67	0		74	49.33
8	11	7.33	0		6	4
7	31	20.67	0		10	6.67
6	71	47.33	3	2	4	2.67
5	12	8	16	10.67	1	0.67
4	13	8.67	45	30	0	
3	6	4	81	54	0	
2	0		5	3.33	0	

注：小数点2位未満四捨五入。
出所：各社の「2010年度年度報告書」により筆者作成（内訳は図表2-1と同様）。

独立取締役がその役割を果たすためには，取締役会における独立取締役の割合が一定の水準を保つことが必要と考えられると同時に，取締役会は会社

の意思決定機関で、取締役会のメンバーは会社の業務に精通しなければならないことにも注意すべきである。独立取締役が過度に多い場合には、意思決定機関である取締役会において、実質的に議論できる事項に制限が生じると同時に、効率が低下することも考えられる[11]。

社外取締役(または独立取締役)の規模と企業業績には一体どのような関連性があるのだろうか。これに関する研究成果はかなり蓄積されているが、必ずしも統一した結論が出ているとはいえない。例えば、Hill and Snell (1988)、Pearce and Zahra (1991) らの研究結果では、取締役会における社外取締役の比率と会社の業績の間には、正の相関関係がある、と指摘している[12]。また、Bhagat and Black (1999) の研究結果によると、アメリカ企業において、取締役会における社外取締役の比率が3分の1〜2分の1の会社の業績は相対的に高く(取締役の平均人数は11名で、社外取締役の人数は3〜5名)、社外取締役の比率がそれ以上高い会社の業績は低くなっていることが明らかにされている[13]。

これに対し、Fosberg (1989) の実証研究では、取締役会における独立取締役の比率は会社の業績と何らかの関係もないことを明らかにしている。さらに、Laura Lin (1996)、Sanjai Bhagat (2001)、Charlie Weir (2001) も独立取締役の比率と会社の業績には何らかの相関関係がないことを明らかにした上で、独立取締役が会社の業績に良い影響を与えると説明ができないことを指摘した[14]。特に、Charlie Weir (2001) は英国の320社の上場会社を対象として実証研究を行い、独立取締役と会社の業績との非関連性を立証したのである[15]。

中国国内においても、独立取締役と会社の業績に関する研究は盛んに行われている。向朝进・谢明 (2003) らは、2001年末における110社の上場会社について、独立取締役と会社の業績との関係に関する研究分析で、独立取締役は会社の業績に良い影響を与えることを提示した[16]。また、杨洁ら (2004)、王跃堂ら (2006)、肖曙光 (2006) の研究分析でも、独立取締役制度、または独立取締役の比例は会社の業績に正の相関関係があることを指摘した。これらは独立取締役が企業の業績に対し、肯定的な機能を果たしてい

るという研究成果である。

しかし，その反面，否定的な研究結果も少なくない。例えば，罗栋梁・周为勇・刘昌炜（2003）は，2001年のA株発行の281社の上場会社について研究分析を行った結果，独立取締役と会社の業績は相関関係がないことを明らかにした[17]。また，骆品亮・周勇・郭晖（2004）の上海証券取引所におけるA株発行の会社を対象とした研究調査でも，取締役会における独立取締役の比率と会社の業績は何の関係もなく，逆に独立取締役を導入後，会社の業績が悪化したこともあると指摘している[18]。

このように，社外取締役，独立取締役と会社の業績との関連性について，研究成果は完全に一致するものではなく，必ずしも肯定的な認識であるとはいえない。独立取締役と企業の業績に関するこれらの分かれた研究成果に対し，Hernalin and Weisbach（2001）は，正確な統計結果を引き出すことは極めて難しいと指摘した上で，その主な原因として，一部変数の因果関係の不明確さに因ることを挙げている[19]。

独立取締役制度が企業の業績に良い影響を与えるということが明らかにされていないにも関わらず，一方で独立取締役を積極的に導入していることには，企業統治における独立取締役への期待が否定できないからである。Kevin Keasey（2002）は，豊富な実務経験と研究に基づいて，「取締役には2つの義務がある。つまり，会社が株主に提供するリターン確保（業績機能）と経営行動の法律，規則の遵守の確保（監督機能）である。会社の取締役である独立取締役は，2つの機能に対し執行取締役と同様の責任が負われる。しかし，独立取締役は会社の日常経営活動には距離があるため，通常，独立取締役には業績機能より監督機能の方が大きな役割を発揮できると思われる。」[20]と指摘した。つまり，Kevin Keasey（2002）は，独立取締役には業績改善役割と監督役割が期待されるが，監督機能への役割の方が業績改善役割の期待よりも大きいことを主張したのである。

一方，古川ら（2006）の研究調査でも明らかになっているように，中国の上場会社において，独立取締役制度の導入で「会社業績の向上」を期待する会社は極めて少ない。他方，「外部者（専門家）としての視点・情報など」

または「株主からの信頼獲得」に関してはかなり期待していることが示されている[21]。

独立取締役に求められることは，独立性と専門知識である。独立した立場から専門家としての視点・情報など，独立取締役の積極的な意思決定への参加，有効な監督・提案等は企業統治にプラスの影響を与えることは容易に考えられる。経営の健全性という観点から，独立取締役が会社の外部から選出されることで，社内常識や業界常識に偏らず，企業経営者に対してより広い視野で助言及び監督を行うことができるのである。

3.2 上場会社の独立取締役の質的属性と企業統治
　　　〜適任性からの考察〜

本章での適任性とは，独立取締役自身の職歴，専門知識，経験などの質的な属性を指す。企業の経営陣を監督するためには豊富な専門知識，経験の持主，つまり専門家が必要である。

(1) 質的属性の検証 ① 〜学歴と年齢を中心に〜

図表2-5で既に示されたように，社内取締役と独立取締役はともに大卒が8割強を占めている。特に，博士以上の学位を持っている独立取締役は33.3％で，社内取締役よりも高い割合を占めている（社内取締役：7.1％）。大学院以上の学歴をみた場合，独立取締役は修士修了者が28.1％，博士学位以上の者が33.3％で，修士学位以上の者が合計61.4％である。独立取締役の6割以上は大学院を修了しており，高度な教育を受けていることが分かる。一方，社内取締役は修士修了者が45.6％，博士学位以上の者が7.1％で，修士学位以上の者が合計52.7％となる。つまり，中国の上場会社において，独立取締役は社内取締役より高い学歴を持っていると同時に，自らの領域において高い専門知識を持っている者が多いともいえる。総じて，独立取締役の大多数は高度な教育を受けており，各分野における学者，専門家であることがわかる。彼らは豊富な専門知識と経験等を活かして，会社の発展に建設的な意見や提案を提供したり，取締役会の意思決定に貴重な意見を提供したりすることに十分な素質を持っていると考えられる。

独立取締役には豊富な社会経験が求められる。豊富な社会経験は実務経験によって蓄積されるともいえる。その実務経験を計測する指標の1つが年齢である。中国の上場会社における取締役の平均年齢は50.81歳であり，その内，社内取締役の平均年齢は49.30歳，独立取締役の平均年齢は53.44歳である。つまり，中国の上場会社において，独立取締役の平均年齢は社内取締役より4歳ほど高いのである（図表2-4参照）。単純に年齢からみた場合，独立取締役は社内取締役よりも豊富な経験と知識の持主であるということができる。

(2) 質的属性の検証 ② 〜職業を中心に〜

職業上の経歴は独立取締役の質的属性を図る重要な指標ともいえる。本章では職業について，現職と前職の両面から分析を行いたい。

図表3-4は，中国の上場会社150社における独立取締役の現職の状況を表したものである。図表3-4から分かるように，上場会社の独立取締役における最も多い職業は大学教員である。大学教員は211名で，39.74％を占めている。つまり，独立取締役の4割弱は大学教員で，大学は上場会社の独立取締役の主な出身母体となっていることがわかる。大学には，専門知識・技術を有する人材が集中している表れでもある。次に，他社の独立取締役兼任者が125名であり，約4名のうち1名は独立取締役を兼任している。一定の人々に独立取締役が集中していることが伺える。また，協会・学会の役員が33.15％を占めていることも興味深い。3割以上の独立取締役は何らかの分野で社会的に活躍し，一定の著名な立場にあることが示されている。特に，注目すべき点は，会社の経営・管理専門家が近年，増加していることである。上場会社150社における独立取締役531名において，会社の経営・管理専門家は88名に達している。その背景には，上場会社を取り巻く経営環境が従来に比べてより複雑化，不透明化になり，実務的・専門的見地から助言が求められる必要性が増大したことが挙げられる。近年，企業間の競争が激しく，会社の経営管理の意思決定において，経営者としての視点，考え方，適切なアドバイスの役割が益々期待されるようになったことが伺える。

英国・アメリカの大部分の独立取締役は他社の経営者から選ばれている。

図表 3-4　上場会社 150 社における独立取締役の職業（現職）

(単位：名，%)

		人数		独立取締役における割合
大学教員	教授 准教授 講師	197 12 2	211	39.74
会計士事務所・会計士			37	6.97
弁護士事務所・弁護士			52	9.79
会社の経営・管理専門家			88	16.57
政府機関	政府関係者 スタッフ 研究員	1 64 18	83	15.63
研究機関・研究員			11	2.07
協会役員			86	16.20
学会役員			90	16.95
銀行・スタッフ（役員）			7	1.32
政協委員			10	1.88
編集者			7	1.32
資産評価事務所・評価人			2	0.38
他社の独立取締役			125	23.54
不明			52	9.79

注：1）職業は，多項選択で，兼任も含まれる。そのため，図表の合計人数と 150 社における独立取締役の総数が一致しないことがある。独立取締役の総数は 531 名である。
　　2）大学教員の中には，会計士，弁護士の資格を持っている方もいる。
　　3）協会には聯合会が含まれている。学会には研究会が含まれている。
　　4）編集者とは，学術雑誌，または出版社の編集者を指す。
　　5）会社の経営・管理専門家には，国有企業の高級管理者，大学付属の企業の経営者も含まれる。
出所：各社の「2010 年年度報告書」により筆者作成（内訳は図表 2-1 と同様）。

しかも，その経営者の会社は比較的業績が良い企業である。つまり，英国・アメリカの独立取締役の大部分は業績が良い会社から選出されるケースが多いと指摘されている。これに対し，図表 3-4 からも分かるように，中国の上場会社においては実務家よりも学者型の独立取締役が多く招聘されている。彼らは会社経営には詳しいとは言えないものの，職務上の地位が高く，学問

的には成功した人物で，社会的名声と権威を備えている（学会・協会の役員の割合をみた場合）。こうした学者型の独立取締役は実務家に比べ，会社の経営管理の意思決定に関しては期待されるような役割を果たすとは言い難い。しかし，彼らは自らの名誉を大切にしており，社会的責任感は高いとも

図表 3-5　上場会社 150 社における独立取締役の職業（前職）

（単位：名，%）

		人数		独立取締役における割合
大学教員	教授	94	120	22.60
	准教授	17		
	講師（助教を含む）	9		
会計士事務所・会計士		27		5.08
弁護士事務所・弁護士		25		4.71
会社の経営・管理専門家		101		19.02
政府機関	政府関係者	19	126	23.73
	スタッフ	93		
	研究員	14		
研究機関・研究員		18		3.39
協会役員		31		5.84
学会役員		18		3.39
銀行・スタッフ（役員）		17		3.20
政協委員		7		1.32
編集者		2		0.38
資産評価事務所・評価人		2		0.38
独立取締役経験者		28		5.27
その他		13		2.45
不明		131		24.67

注：1）　職業は，多項選択で，兼任も含まれる。そのため，図表の合計人数と 150 社における独立取締役の総数が一致しないことがある。独立取締役の総数は 531 名である。
　　2）　大学教員の中には，会計士，弁護士の資格を持っている方もいる。
　　3）　協会には聯合会が含まれている。学会には研究会が含まれている。
　　4）　編集者とは，学術雑誌，または出版社の編集者を指す。
　　5）　会社の経営・管理専門家には，国有企業の高級管理者，大学付属の企業の経営者も含まれる。
出所：各社の「2010 年年度報告書」により筆者作成（内訳は図表 2-1 と同様）。

いえると思われる。つまり，学者型の独立取締役には経営管理の意思決定への役割よりも，取締役会への監督機能，または専門知識の提供，サポートへの役割が最も期待されている。中小株主の利益保護の役割を果たすのには，十分な質的属性が備わっているといえるのである。

図表 3-5 は，中国の上場会社 150 社における独立取締役の前職を表したものである。150 社における独立取締役の前職に関して，最も多いのは不明で 131 人で，24.67％を占めている。独立取締役の約 4 人の 1 人は前職が明らかにされていないのである。また，前職においては，大学教員より（22.60％）も政府機関の関係者（23.73％）の割合が高いことも分かる。その背景には，中国の上場会社の大半は元国有企業を改組，再編したことと関係があると推測できる。さらに，会社の経営・管理専門家の割合も現職より高いことが確認できる。つまり，中国の上場会社における独立取締役の前職は，主に政府機関の関係者，大学教員，会社の経営・管理専門家の 3 つのグループに分類することができよう。他方，協会・学会の役員の割合は 10％未満で，現職に比べ，顕著な違いがみられる。

総じて，学歴，年齢，職業の面から見た場合，中国の上場会社における独立取締役は豊富な専門知識・経験の持ち主で，独立取締役としての十分な素質を有しているといえる。

4　独立取締役は本来の役割を果たせるか
　　〜独立取締役を取り巻く環境からの分析〜

独立取締役が十分な質的属性を持ち，独立性を保っているとしても，客観的にかつ公正に意見を述べられる環境が整備されているかどうかが，極めて重要である。中小株主の利益保護，または企業経営において，社内取締役と独立取締役との間に意見の対立が生じた場合，独立取締役の意見がどこまで生かされているのであろうか。つまり，独立取締役が効果的に職責を果たすためには，その置かれている環境が極めて重要な要因となる。

一方，独立取締役の行動は，会社の株式所有構造と取締役会の状況と密接な関連を持っている。

4.1 独立取締役を取り巻く環境①
〜株式所有構造からの分析〜

図表 3-6 に示されているように，上場会社 150 社の 70.67％に当たる 106

図表 3-6 上場会社 150 社における上位 5 大株主の持株比率の性質

(単位：社，％)

		80%以上	80〜70%	70〜60%	60〜50%	50〜40%	40〜30%	30〜20%	20〜10%	10%以下	会社合計	平均値
筆頭株主	国家株	1	1	0	2	1	4	1	1	0	11	44.28
	国有法人	0	2	7	15	29	20	14	4	4	95	40.51
	その他	1	1	4	4	4	9	14	4	3	44	34.91
	合計	2	4	11	21	34	33	29	9	7	150	
第2株主	国家株	0	0	0	0	0	0	0	1	1	2	10.93
	国有法人	0	0	0	0	0	0	2	11	25	38	8.37
	その他	0	0	0	0	0	6	10	13	81	110	8.30
	合計	0	0	0	0	0	6	12	25	107	150	
第3株主	国家株	0	0	0	0	0	0	0	0	0	0	0
	国有法人	0	0	0	0	0	0	2	3	15	20	7.10
	その他	0	0	0	0	0	0	0	2	128	130	2.41
	合計	0	0	0	0	0	0	2	5	143	150	
第4株主	国家株	0	0	0	0	0	0	0	0	3	3	2.77
	国有法人	0	0	0	0	0	0	0	1	22	23	2.32
	その他	0	0	0	0	0	0	0	1	123	124	1.58
	合計	0	0	0	0	0	0	0	2	148	150	
第5株主	国家株	0	0	0	0	0	0	0	0	1	1	3.21
	国有法人	0	0	0	0	0	0	0	0	11	11	2.33
	その他	0	0	0	0	0	0	0	0	138	138	1.19
	合計	0	0	0	0	0	0	0	0	150	150	

注：小数点2位未満四捨五入。
出所：各社の「2010年度報告書」より筆者作成（内訳は図表2-1と同様）。

社の筆頭株主は国有株（国家株と国有法人株を指す）である。つまり，上場会社150社における筆頭株主の大半は，政府が所有者となっている国有株に集中していることが明らかなのである。筆頭株主における株主主体の持株比率を考察すると，他の株主主体の持株比率34.91％に比べ，国家株の持株比率は44.28％，国有法人株の持株比率は40.51％となっており，極めて高い。2～5位の大株主における他の株主主体の持株比率は極めて低く，いずれも10％未満である。つまり，国有株を所有する筆頭株主は，上場会社の議決権行使において極めて主導的な位置にあることは明らかである。

　取締役会において，独立取締役が積極的に発言をするかどうかは効果的な企業統治と密接に関連する。独立取締役が取締役会の議題に対し，独立した意見，考え方を自由に述べたり，反対意見があった場合，反対票，或いは棄権票を自由に行使することこそ，中小企業の利益の保護などを含めた独立取締役の本来の役割を果たせる要素といえる。一方で，支配株主による集中的株式所有構造は独立取締役の役割を制約する重要な要素でもある[22]。例えば，株式の所有構造が分散している場合には，大株主のコントロールが弱く，独立取締役は監督と提案の役割を効果的に発揮できるものと考えられる。他方，株式が集中的所有構造の場合には，大株主が株主総会，及び取締役会に対するコントロールが強く，独立取締役の役割は限定的であることは否定できない[23]。

4.2　独立取締役を取り巻く環境②
　　～代表取締役と大株主との関連性～

　代表取締役の権限は，取締役会会議を招集，主宰し，取締役会の決議の実施状況を監督する（『公司法』第109条）ことである。つまり，代表取締役の権限の1つとして経営陣に対して監督責任を負うことである。150社のうち109社の代表取締役は，上位5位株主からの派遣と思われるが，そのうち103社の代表取締役が筆頭株主からの派遣と思われる（図表3-7参照）。

　150社のうち，代表取締役が総経理を兼任する会社は10社で，取締役が総経理を兼任する会社は100社である。即ち，取締役会のメンバーが総

図表 3-7　上場会社 150 社における代表取締役の派遣母体

(単位：社，%)

	会社数	全体における割合
筆頭株主	103	68.67
筆頭株主と第 2 株主	1	0.67
第 2 株主	2	1.33
第 3 株主	2	1.33
第 5 株主	1	0.67
株主からの派遣と思われる合計	109	72.67
株主と関係がないと思われる代表取締役	41	27.33
合計	150	100

注：1)　大株主の派遣母体には，その大株主の出資元からの派遣も含む。
　　2)　小数点 2 位未満四捨五入。
出所：各社の「2010 年年度報告書」により筆者作成（内訳は図表 2-1 と同様）。

経理を兼任する会社は 110 社で，全体の 73.33％を占めている（図表 3-8 参照）。

　中国の『公司法』（第 46 条）によれば，取締役会は，会社を代表して経営上の意思決定を行う。総経理は，取締役会において決定された業務の執行，即ち『公司法』によれば，総経理は取締役会に対して責任を負い，取締役会の決議を実施する（『公司法』第 49 条）。取締役会は総経理の業務執行を監督する立場にあるといえる。しかし，図表 3-8 から分かるように，上場会社における取締役と総経理の兼務は多く，質的に同じであり，意思決定機能及び執行機能と監督機能が明確に分離されていない点が特徴である。同時に，取締役会会議の実施状況を監督する立場にある代表取締役の大半は大株主からの派遣，特に筆頭株主からの派遣が目立つことから，会社の重要な意思決定を行う取締役会の主導権は明らかに筆頭株主を始めとする大株主らに掌握されていることも確認できる（図表 3-7 参照）。結局，支配株主は代表取締役だけではなく，最高業務責任者である総経理もコントロールすることで，自己利益を拡大することができる可能性も十分に考えられる。また，代表取締役が総経理を兼任することにより，取締役会の意思決定の正確性に影響を

図表 3-8　上場会社 150 社の取締役会における総経理の兼任状況

(単位：社，%)

	会社数	150 社における割合
代表取締役	10	6.67
取締役	100	66.67
合計	110	73.33

注：1)　会社により呼称が異なるものの，総裁，CEO を総経理に統一する。総経理は日本の社長に当たる。
　　2)　小数点 2 位未満四捨五入。
出所：各社の「2010 年年度報告書」より筆者作成（内訳は図表 2-1 と同様）。

与えることも考えられる。

4.3　独立取締役を取り巻く環境 ③
〜取締役と大株主との関連性〜

　図表 2-2 から分かるように，社内取締役総数の 922 名の内，大株主から派遣されている取締役は全体で 505 名，社内取締役全体の 54.77％を占め，1 社当たりでは平均 3.37 名となっている。即ち，社内取締役の半数以上は大株主からの派遣である。また，筆頭株主およびその出資元からの派遣取締役は 403 名で，派遣取締役全体の 79.80％を占め，1 社当たりでは平均 2.69 名である。さらに，筆頭株主からの派遣取締役が社内取締役の 50％以上を占めている会社は 71 社で，150 社全体の 47.33％を占める。そのうち 8 社においては，社内取締役全員が筆頭株主から派遣されているのである。筆頭株主の親会社，関連会社の出資を受けている会社が他の大株主になっていることも考慮すると，そこから派遣された取締役，いわゆる「筆頭株主からの隠れた派遣取締役」を加えると，筆頭株主の影響をうける取締役はさらに増えるといえる。筆頭株主が単独で取締役会に対して極めて強い影響力を有していることが明らかである。

　上述のように，大株主から派遣された取締役は社内取締役の半数以上を占めている。これは大株主が取締役会において，絶対的な優勢を占めており，

関連する上場会社を支配することができることを意味する。上場会社における株式の集中的所有構造がトップ・マネジメントの構成にも大きな影響を与えることがわかる。

　大株主（特に筆頭株主）は上場会社の株主総会と取締役会をコントロールすることで，実質的に上場会社を支配することになる。これが上場会社の巨額資金が大株主によって占用される重要な要因といえるだろう。中国における上場会社の株式所有構造は集中的所有で，いわゆる「単独株主への一極集中」である。中国政府は，こうした株式所有構造によって生じる多くの問題を独立取締役の役割に求めているのである。即ち，独立取締役は大株主，及び大株主からの派遣取締役，経営陣と会社の関連取引に対し，監督，審査，評価を行うことが必要とされる。そのために，独立取締役は否決権を行使したり，独立した意見・提案を発表したりするなど独立取締役に与えられた特別職権を積極的に行使することで，大株主による株主総会や取締役会でのコントロールを制限し，最終的には中小株主の利益の保護を図ることが求められている[24]。

　中国の上場会社における独立取締役は独立取締役としての十分な素質を持っていると思われることは，既に指摘されている。独立取締役が自らの役割を果たしていることを確認できる事例も少なくない。例えば，意思決定プロセスや情報公開などにおいて，違法行為があった場合，独立取締役としての「独立取締役意見」（異議）を公示したり，取締役会議案への反対票，または棄権票の行使，外部の仲介機構を招聘して会社の項目別財務監査を図ろうとしたりするなどの独立取締役としての積極的な働きがみられる[25]。

　しかし，中国の上場会社において，独立取締役が会社の経営行動，または取締役会の意思決定に異議を唱え，独立意見を発表したり，または特別な職権を行使しようとしても，最終的には罷免されたり，辞任に追い込まれるケースも報告されている。その代表的なものとして，伊利株式会社の2004年の事例が挙げられる。2004年6月，伊利株式会社の独立取締役3名は，会社の国債の売買及び株主状況について異議を申し立て，独立声明を発表し，特別職権の行使を準備したが，結果的には独立取締役3名の内，1名が

罷免，1名が辞任するという事態を招いた。このような結果は，「独立取締役がおとなしくない」ということから生じたことであろうと思う。その根本的な原因は，株式会社において，「株式多数決」の原則では，株主総会で支配株主が絶対多数の議決権または相対多数の議決権を所有しており，支配株主が株主総会での選挙結果をコントロールできることに帰結される。即ち，支配株主が独立取締役の人選をコントロールできることで，結果的には，独立取締役の指名，選出権は支配株主に掌握されているからである。

また，独立取締役の正当な職務履行が妨害される事例も報告されている。陳（2010）の事例分析では，会社の財務状況に対し，独立取締役が独立意見を提出し，独立取締役の特別職権である仲介機構による審査を求めたが，代表取締役に受け入れられず，仲介機構による調査・審査が会社側によって妨害されたという事件が取り上げられている。この事例分析からも，独立取締役が置かれている厳しい環境と上場会社の絶対的権力，即ち，上場会社をコントロールする支配株主の絶対的権力の構造が伺える。

こうした環境では，独立取締役が会社の取締役会の議題に対し，反対意見を提出することは極めて少なく，結果的には取締役会の提案に同調する傾向になる。申富平・韓巧艶等（2007）の研究調査でも，中国の上場会社において，独立取締役が反対意見を提出する割合は極めて低いことを明らかにしている[26]。

また，代表取締役，及び大半の社内取締役の人選は常に支配株主の指名に委ねられ，実質的に支配株主が企業統治の中核をなす取締役会をコントロールすることになり，独立取締役が取締役会で異議・異論を唱えたとしても支配株主の動きにより曖昧にされることが多いと言える。これは，中国の上場会社で独立取締役を導入する本来の狙いと大きくかけ離れていることを意味する。本来，中国の上場会社における独立取締役の導入は，取締役会における支配株主の影響を抑制し，取締役会が株主全体の権益保護を図ることにある。

結果的に，独立取締役は取締役会の決議について基本的に影響を及ぼせず，大株主の影響を止められないことになるのである[27]。杜（2009）の事例

分析でも，独立取締役が取締役会の決議，または有価証券報告書の内容に反対意見を唱えたとしても，取締役会，株主総会では依然として承認されるケースが報告されている。つまり，中国の上場会社において，独立取締役を取り巻く環境では，独立取締役として異なる意見・提案を提出することは難しく，または異なる意見・提案を提出したとしても採択されないなど，独立取締役の監督役割は多くの制約を受けるということである。

　上場会社の株式所有構造を根本的に変えなければ，即ち，株式所有構造の多元化を実現しない限り，独立取締役の本来の役割を果たすことは極めて難しいともいえる。支配株主からの支配から脱出することこそ，中国の上場会社における企業統治の改善の第一歩で，中小株主の権益保護にも繋がると思われる。

　独立取締役制度は株主と取締役，取締役と経営陣の分離ということが前提条件である。図表 2-2, 3-7 で示されるように，中国の上場会社において支配株主が直接的に取締役会をコントロールしている。また，経営執行者である総経理を取締役が兼任することからも，中国の上場会社における業務執行は基本的に取締役，或いは支配株主と分離されていないことが分かる。Berle and Means が指摘した現代企業における「所有と経営の分離」現象は，中国の上場会社においては基本的に未だに存在しないともいえると思う。

5　おわりに

　これまで，中国の上場会社における独立取締役の内的素質は十分であるものの，独立取締役を取り巻く環境は独立取締役の役割を制約する原因になることを明らかにした。本来，中国の上場会社において独立取締役を導入することで，取締役会における支配株主の影響力の抑制を図ることが目的であったが，依然としてその目的は実現されたとはいえない状況である。

　エンロン社の破綻は社外取締役における真の独立性の重要性を提起してい

る。社外取締役，独立取締役には独立性が高く，かつ専門知識，経験豊富な人を選ぶことが求められる。つまり，真の独立性を有する独立取締役を如何に選出するかは企業統治において極めて重要な問題である。『上場会社の企業統治準則』の規定によれば，中国の上場会社の取締役会には指名委員会，監査委員会，戦略委員会，報酬委員会，考査委員会などが設けられ，そのうち，監査，指名，報酬と考査各委員会では独立取締役が多数を占めなければならないのである。独立取締役の選出プロセスとして，推薦された人々に対して指名委員会の審査・審議を経て，取締役会，株主総会の審議・承認を経るのである。独立取締役の「独立した地位」を保つために，最も肝心なことは「誰が推薦しているか」という問題である[28]。筆者が調査を行った企業では，独立取締役と会社の上層部（取締役，経営者）との間に複雑で緊密な人間関係があることが明らかである。即ち，独立取締役は公開公募ではなく，取締役，経営者による自らの人間関係を通して推薦されているからである[29]。支配株主，大株主から派遣された取締役，経営者によって推薦された独立取締役が中小株主の利益保護という真の役割を果たせるのか，この点についても大きな疑問を感じるところである。

　一方，企業側が独立取締役に対して，最も強く求めている期待は監督役割であるものの，その実際の効果に関しては否定的な見方も存在する[30]。その理由として，次の3つがあげられている。① ほとんどの独立取締役は，自分の本業，または社会活動が多忙であり，十分な時間と労力を独立取締役という仕事に投入できていないこと。従って，会社の経営活動を十分に理解しているとはいえない。② 大多数の上場会社において，取締役会は大株主によってコントロールされており，独立取締役が大株主の意見，考え方，行動に異議を唱えたとしても，取締役会の審議で採択されることはまず不可能であること。③ 独立取締役と大株主との間に，対立が生じた場合，実質的に取締役会，株主総会で独立取締役を罷免，更迭することも可能であること。つまり，企業側は大株主による支配的地位の濫用を抑制し，大株主による中小株主の利益侵害を監督・防止するという独立取締役の役割についてはそれほど大きく期待しているわけではないことが伺える。その根本的な問題は上

5 おわりに

場会社における株式所有構造でみられる「集中的所有」,「単独株主への一極集中」に帰結するのである。上述した理由の②と③もこれらの問題の指摘でもある。他方,理由①に関しては,企業側の独立取締役に対する不信感も感じられる。しかし,責任感を持つ「良心」的な独立取締役は,取締役会で反対票,棄権票を行使したり,健全な企業経営のために積極的に働いていることも事実である。残念ながら,彼らの積極的な動きは必ずしも企業統治に有効に生かされているとはいえないのも現実である。総じて,上場会社の「集中的株式所有構造」,「単独株主への一極集中」という株式所有構造を根本的に変えることこそ,独立取締役の本来の役割を果たせる前提条件であり,それが中小株主の権益の保護にも繋がるといえる。

注
1 杜琰（2009）『我国独立董事制度作用及低效成因研究』河南大学出版社,45-53頁。
2 独立取締役とは独立した外部取締役の呼称である。取締役は社内取締役と外部取締役に分けられる。アメリカ企業では,さらに外部取締役を関連取締役と独立取締役に分類する。中国の上場会社では,一般的に取締役（中国語：董事）を内部取締役と独立取締役に分類することが多い。独立取締役を外部取締役,または非執行取締役と呼ぶこともある。
3 杜琰（2009）は,中国上場会社における独立取締役制度への期待と役割に対し,歴史的アプローチ,『指導意見』による制度的アプローチ,背景的アプローチの3つの側面から分析を行い,次のように指摘している。独立取締役に対する主な期待は監督役割で,その監督役割として,主に会社の大株主と内部支配人を監督し,中小株主の利益が侵害を受けないように保護することを挙げている。監督役割には,上場会社の違法,違規行為も含まれる。監督役割以外に,中国証監会は提案,意思決定への参加,監督補助の役割についても期待している。杜琰（2009）,53頁。
4 施星輝（2001）が実施した32名の独立取締役に対するアンケート調査によると,「独立取締役の主な役割は何ですか」という質問に対して,「中小株主の代弁者」という答えが12.5％,「上場会社において独立取締役を設ける意義とは？」の質問に対して,5.9％が「中小株主利益の保護」と答えた。つまり,『指導意見』が発布される前（2001年）では,「中小株主利益の保護」に関する独立取締役の認識は極めて低いことが伺える。施星輝（2001）「32位独立董事問卷調査―怎么当一名合格的独立董事？」『中国企業家』2001年7月。
5 王保樹（2003）「競争与発展：公司法改革面临的主題」『現代法学』2003年 第三期,23頁。
6 1999年度の持株比率で,サンプル数は922社である。筆頭株主の持株比率の平均は46.54％,第2株主の持株比率の平均は8.22％,第3株主の持株比率は3.22％で,筆頭株主と第2株主,第3株主の持株比率の格差は極めて大きい。魏剛（2001）『中国上市公司股利分配問題研究』東北財経大学出版社,49頁。
7 中国は,計画経済から市場経済への移行期において,大胆な国有企業改革を行い,国有企業への株式制導入を決定した。その主な方法としては,国有企業の全資産,または一部の資産を基に,それに加えて増資新株発行という形であった。
8 国有株の売却については,田中信行（2009）「中国株の急落と株式会社の改革」（『中国研究月

報』第63巻第3号）を参照されたい。田中（2009）は，2001年に実施された国有株売却を第1次売却作戦，2005年に実施された国有株売却を第2次売却作戦と呼び，これらはいずれも期待通りに進まず，失敗に終わったと指摘する。
9　陈九振（2010）『独立董事制度的理论与実践』知识产权出版社，298頁。
10　陈九振（2010）前掲書，298頁。
11　陈九振（2010）前掲書，204頁。
12　Hill, C.W.L. and S.A.Snell. (1988), "Effects of Ownership Structure on Corporate Productivity" [J]. *Academy of Management Journal*, 1988, p.32. Pearce, J.A. and Zahra, S. A. (1991), "The relative power of CEOs and Boards of directors: Associations with corporate performance", *Strategic Management Journal*, 12.
13　Bhagat Sanjai, and Bernald Black (1999), "The Uncertain Relationship between Board Composition and Firm Performance", *Business Lawyer*, Vol.54.
14　Fosberg, R.H. (1989), "Outside Directors and Managerial Monitoring", *ABER[J]*, 1989, Vol.20, Summer. Laura Lin (1996), the Effectiveness of Outside Directors as a Corporate Governance Mechanism: Theories and Evidence [J], 1996.
15　Charlie Weir, David Laning (2001), "Governance Structure, Director Independence and Corporate Performance in the UK", *European Business Review*, 2001: (13), pp.86-96.
16　向朝进・谢明（2003）「我国上市公司绩效与公司治理结构关系的実证分析」『管理世界』2003年5期。
17　罗栋梁・周为勇・刘昌炜（2003）「独立董事制度与公司业绩的実证研究」『统计与决策』2003年第11期。
18　骆品亮・周勇・郭晖（2004）「独立董事制度与公司业绩的相关性分析来自沪市A股的実証研究」『上海管理科学』2004年第2期。
19　Hernalin and Weisbach (2001), "Boards of Directors as an Endogenously Determined Institution: A Survey of the Economic Literature", *National of Bureau of Economic Research*, *2001*, Working Paper 8161.
20　Kevin Keasey (2002), " Non-executive Directors and the Higgs Consultation Paper, Review of the Role and Effectiveness of Non-executive Directors", *Journal of Financial Regulation and Compliance*, Nov. 2002: pp.361-371. 杜琰（2009）『我国独立董事制度作用及低效成因研究』河南大学出版社，13-14頁を参照。
21　古川順一・容和平・陳藹芳（2006）「中国企業の企業統治―企業アンケートからみる独立取締役制度の実態と課題を中心として―」『東京国際大学論叢』商学部編，第73号（2006年3月）80-82頁。
22　邵少敏・吴沧澜・林伟（2004）「独立董事和董事会结构，股权结构研究：以浙江省上市公司为例」『世界经济』2004年，第2期。
23　党文娟（2010）『独立董事制度，治理行为与激励机制研究』中国社会科学出版社，90頁。
24　陈九振（2010）前掲書，301-302頁。
25　杜琰（2009）前掲書，61-62頁。
26　申富平・韩巧艳・赵红梅（2007）「我国上市公司独立董事制度実施现状分析―以河北，浙江，云南和甘肃省为例」『审计研究』2007（3）。
27　三峡水利株式会社の会社第四期取締役会第7回の会議で，審議承諾された12の議案のうち，独立取締役が4つの議案に対し，反対意見を表明したが，2004年第2次臨時株主総会で，独立取締役が反対した2つの議案はそのまま承認されたのである。このようなケースは，他の企業でも見受けられる。杜琰（2009）79頁。

28 『指導意見』4条1項によれば，上場会社の取締役会，監査役会，単独或いは共同で上場会社の発行済み株式の1％以上を所有する株主は，独立取締役の候補人を提出することができると規定している。中国の上場会社の「集中的株式所有」では，会社の取締役会，監査役会は基本的に支配株主，または大株主によって支配されている。また，「単独或いは共同で上場会社の発行済み株式の1％以上を所有する株主は，独立取締役の候補人を提出することができる。」という規定は，支配株主，大株主も独立取締役を推薦する権利を有することである。制度面からみた場合，上場会社の支配株主，大株主は独立取締役の推薦に深く関わることが可能なのである。
29 それ以外に，大株主による推薦，前独立取締役による推薦などの企業も存在する。
30 2010年3月18日，2011年3月21日，2011年10月21日に実施した会社とのインタビューによるもの。

第4章
所有制別の上場会社における大株主の影響力
~所有制別の上場会社 240 社の比較分析~

1 はじめに

　国有企業改革の一環として，中国では 1997 年に国有企業に株式制を本格的に導入した。中国の株式会社を定めた『公司法』の基本的な考え方は，日本，アメリカの法律・制度と基本的に同じである。全ての株式会社は株主総会，取締役会，監査役会の設置を義務付けられている。会社の所有者は株主で，株主は出資額の範囲内での有限責任を負うことも同様である。また，株主は株主総会を通じて経営者を選ぶという構図になっている。

　但し，法律・法規制度の基本的な考え方が同じであっても，株式会社が置かれている社会制度，歴史的背景等によって，企業統治システムの中身は大きく異なる。社会主義体制を維持している中国の企業統治構造はアメリカ，日本などと相違点があることも事実である。中国の株式会社の大多数は国有企業から転換したもので，株式会社には多くの国有資本が入っている。さらに，大株主には国有株が占めている会社も少なくない。大株主に国有株が存在している国有資本参加の上場会社と大株主に国有株が存在していない非国有資本参加の上場会社の企業統治にはどのような相違点が見られるのだろうか。

　本章では，国有資本参加の上場会社 120 社と非国有資本参加の上場会社 120 社を対象にしながら，株式所有構造，大株主と取締役会，監査役会との関連性に焦点を当てて，所有制別による取締役会と監査役会に対する大株主の影響力ついて，比較考察を行う。

2 所有制別による企業統治に関する考察

2.1 国有資本参加企業と非国有資本参加企業の形成

　「政府と企業の分離」「政府と国有資産の分離」という国有企業改革の一環として，中国では国有企業の株式制導入が進められた。このような背景のもとで，中国の大部分の上場会社は国有企業を株式制企業に改組したものといえる。

　中国の上場会社の株式所有構造をみると，大きく次のような2つに分類できる。1つは，大株主に国家株，国有法人株（ここでは，国家株と国有法人株を国有株と呼ぶ。以下：同様）が存在する上場会社であり，もう1つは，大株主に国有株が存在していない上場会社である。中国の上場会社の株式所有構造については，既に活発な研究が行われている。特に，株式所有構造において，「集中的所有」「単独株主への一極集中」という問題が明らかになっている。それでは，所有制別による上場会社の株式所有構造にはどのような特徴が見られるのだろうか。さらに，それによる企業統治の支配パターンにはどのような相違点がみられるのかなどについては，これまでほとんど検討されてこなかったと思われる。

　国有資本参加の上場会社には，大株主に国有株が存在しているものの，国有資本，民間資本が同時に存在している[1]。つまり，国有資本参加の上場会社の大株主には国有株と非国有株が同時に存在し，独特な株式所有構造になっているのである。言い換えれば，国有資本参加企業とは，政府を含む多数の出資者の出資によって形成された企業法人と定義することができる[2]。一方，ここでは非国有資本参加企業については大株主（上位10の大株主）に国有株が含まれていない企業法人とする。

　国有資本参加企業，とりわけ混合所有制企業に関しては，2003年10月の中国共産党第16期第3次中央全会で「混合所有制経済」という表現で明記され，その発展を推進することが採択された。その国有資本参加企業の形成

には一般的に以下の2つのパターンが挙げられる。

　1つは，国有企業から変遷したものであり，もう1つは私有制企業から変遷したものである。大多数の国有資本参加企業は国有企業が株式制企業に転換する際に，生まれたものである。その具体的な方法として，大中型国有企業を株式制企業への転換で，従来の国有企業の資産を国家株或いは国有法人株に換算し，それに新たに民間資本を調達して，政府による企業に対する支配権と指導権を維持しようとしたものである。

　他方，興味深いのは私有制企業も積極的に国有資本参加企業への転換を図ったことである。その背景として以下の3つが挙げられる[3]。

　1つ目は，中国では社会制度，歴史的背景等により依然として国有資本参加企業（ここでは，主に国有企業と見る）の社会的信用度が高いことである。2つ目は，私有制企業に比べ，政府のサポートを得やすく，企業の発展に必要な経営資源を容易に調達することができることである[4]。3つ目は，「国有企業は容易に倒産しない」という伝統的な観念が存在することである。

　上述したように，国有資本参加企業[5]には国有資本が存在すると同時に，民間資本も存在している。このような株式所有構造の特異性から，その企業統治は純粋国有企業，または民営企業とも大きく異なると考えられる。

2.2　所有制別による企業統治に関する考察

　国有資本参加企業，とりわけ混合所有制企業の企業統治に関しては，既に幾つかの研究成果が蓄積されている。張（2010）の研究調査で明らかになったように，中国における大部分の国有資本参加企業の筆頭株主は依然として国有性質を持っているものである。つまり，大部分の国有資本参加企業は依然として国有持株会社（最大の大株主は政府，地方政府，国有法人）である[6]。このような株式所有構造の基で，政府は会社の経営に大きな影響力を保ち，企業の安定と発展に責任を負うと同時に，持続的な利益の確保を図ろうとしていると考えられる。

　つまり，大株主に国有株が存在している国有資本参加企業においては，筆頭株主である国家，国有法人が企業統治に強い影響を与えていると既に指摘

されている。その手段として，筆頭株主が取締役会へ取締役を送り込み，経営の意思決定に影響を与えていることが挙げられる。このような企業統治構造では中小株主による経営陣への監督・監視機能が充分に発揮されておらず，支配株主が直接的に，または間接的に上場会社を支配する構図になっているのである[7]。川井（2003）は，このような企業統治の支配パターンを「大株主支配モデル」と提起している[8]。大株主支配モデルでは，上場会社に支配的大株主が存在し，その支配的大株主は株主総会をコントロールし，意思決定機関である取締役会，監督機関である監査役会に自らの人員を派遣するという構図になっているのである。このような「人的コントロール」を通じて，支配的大株主は上場会社の経営活動に多大な影響力を発揮しているのである。川井（2003）は，これらの大株主として，国家株や国有法人株の所有権代表である政府機関や国有企業を取り上げている。つまり，国有株を大株主としている上場会社では「大株主支配モデル」がかなり適用されていると，川井（2003）は指摘しているのである。この観点からいえば，国有株を大株主とする国有資本参加企業にも「大株主支配モデル」が生じると考えられる。

　前述したように，中国の国有資本参加企業では「大株主支配モデル」が生じていることは幾つかの研究で確認されている。これに対し，非国有資本参加の上場会社の株式所有構造はどのようになっているのであろうか。非国有資本参加の上場会社においては，大株主と取締役会，監査役会はどのような関連性を持っているのであろうか。さらに，非国有資本参加の上場会社と国有資本参加の上場会社にはどのような共通点があり，どのような相違点があるのであろうか。これらの諸点を明らかにすることは，中国の企業統治構造を研究する重要な一歩ともいえる。従って，国有資本参加の上場会社と非国有資本参加の上場会社について，株式所有構造を比較考察した上で，大株主と取締役会，監査役会との関連性についての比較考察を進めていきたい。

3 所有制別による上場会社の株式所有構造の比較
～国有資本参加企業 120 社と非国有資本参加企業 120 社の比較分析～

　株式所有構造が企業統治にどのような影響を与えるのかは，企業統治の研究において重要な内容の1つでもある。何故ならば，株式所有構造は必ずしも支配権構造と一致するとはいえないとしても，株式所有構造と会社の支配権は密接な関係があると考えられるからである。

　図表 4-1 と図表 4-2 は，所有制別による上場会社の株式所有構造である。図表 4-1 は，国有資本参加の上場会社 120 社の大株主の株式所有構造で，図表 4-2 は，非国有資本参加の上場会社 120 社の大株主の株式所有構造である。

　図表 4-1 と図表 4-2 から明らかなように，中国の上場会社において，「株式所有集中度」は国有資本参加の上場会社，非国有資本参加の上場会社ともに極めて高いのである。つまり，「単独株主への一極集中」という問題は国有資本参加の上場会社の問題だけではなく，非国有資本参加の上場会社でも存在していることが明らかである。図表 4-1 で示されているように，国有資本参加の上場会社における筆頭株主の平均値は 37.91％で，第2株主の平均値 7.12％とかなりかけ離れていることが分かる。筆頭株主単独の株式所有

図表 4-1　上場会社 120 社の大株主の株式所有構造（国有資本参加企業）

	平均値	中央値	標準偏差値	最大値	最小値
筆頭株主	37.91	37.18	16.30	83.74	8.11
第2株主	7.12	4.25	7.27	30.84	0.20
第3株主	2.85	1.75	2.98	13.46	0.16
第4株主	1.66	1.18	1.66	7.63	0.13
第5株主	1.17	0.84	1.08	5.25	0.12

注：小数点2位未満四捨五入。
出所：各社の「2011 年年度報告書」により作成（内訳は図表 1-7 と同様）。

図表 4-2　上場会社 120 社の大株主の株式所有構造（非国有資本参加企業）

	平均値	中央値	標準偏差値	最大値	最小値
筆頭株主	31.36	27.68	16.57	79.57	6.69
第 2 株主	5.43	3.15	5.78	28.18	0.21
第 3 株主	2.84	1.62	3.28	17.06	0.15
第 4 株主	1.79	1.12	2.09	13.54	0.13
第 5 株主	1.30	0.89	1.26	7.23	0.11

注：小数点 2 位未満四捨五入。
出所：各社の「2011 年年度報告書」により作成（内訳は図表 1-6 と同様）。

は，第 2 株主から第 5 株主の株式所有合計よりも 3 倍近く多いのである。他方，図表 4-2 の非国有資本参加の上場会社でも同様な傾向が見られる。非国有資本参加の上場会社の平均値は 31.36％で，第 2 株主の平均値 5.43％を大幅に超えている。但し，非国有資本参加の上場会社の方が国有資本参加の上場会社の方より株式の分散化が若干進んでいるといえる。非国有資本参加の上場会社における筆頭株主の平均値は国有資本参加の上場会社の平均値より 6.55％低いとは言え，株式所有集中度には大きな変わりがない。また，国有資本参加の上場会社の筆頭株主の株式所有の最大値は 83.74％で，非国有資本参加の上場会社の筆頭株主の株式所有の最大値は 79.57％で，上場会社として驚くほど高い。つまり，中国の上場会社においては，所有制とは特に関係なく，全体的に株式所有集中度が極めて高いことが分かるのである。

図表 4-3 は，国有資本参加の上場会社 120 社における上位 5 大株主の属性である。図表 4-3 から分かるように，国家株，または国有法人株は主に筆頭株主，第 2 株主に集中している。筆頭株主が国家株，または国有法人株である会社は 120 社のうち，93 社で全体の 77.5％を占めている。そのうち，国有株が 50％以上を占める会社は 28 社で，全体の 23.33％である。つまり，大多数の国有資本参加の上場会社の筆頭株主は国家株，または国有法人株で，政府及び国有部門によって占められていることが分かる。筆頭株主が「その他」（非国有部門）である企業は 27 社で，全体の 22.5％に過ぎない。また，筆頭株主において，国家株の持株比率の平均値は 43.80％，国有法人

図表 4-3　上場会社 120 社における上位 5 大株主の持株比率の状況
（国有資本参加企業）

（単位：社，%）

		80%以上	80〜70%	70〜60%	60〜50%	50〜40%	40〜30%	30〜20%	20〜10%	10%以下	会社合計	平均値(%)
筆頭株主	国家株	0	1	4	3	5	6	3	1	0	23	43.80
	国有法人	1	0	8	11	21	9	13	6	1	70	40.43
	その他	0	0	0	1	2	5	13	5	1	27	26.35
	合計	1	1	12	15	28	20	29	12	2	120	
第2株主	国家株	0	0	0	0	0	0	0	3	1	4	13.01
	国有法人	0	0	0	0	0	0	6	6	40	52	7.67
	その他	0	0	0	0	0	2	1	11	50	64	6.30
	合計	0	0	0	0	0	2	7	20	91	120	
第3株主	国家株	0	0	0	0	0	0	0	0	2	2	5.58
	国有法人	0	0	0	0	0	0	0	3	27	30	4.25
	その他	0	0	0	0	0	0	0	2	86	88	2.31
	合計	0	0	0	0	0	0	0	5	115	120	
第4株主	国家株	0	0	0	0	0	0	0	0	1	1	1.96
	国有法人	0	0	0	0	0	0	0	0	23	23	3.53
	その他	0	0	0	0	0	0	0	0	96	96	1.21
	合計	0	0	0	0	0	0	0	0	120	120	
第5株主	国家株	0	0	0	0	0	0	0	0	0	0	0
	国有法人	0	0	0	0	0	0	0	0	19	19	1.28
	その他	0	0	0	0	0	0	0	0	101	101	1.15
	合計	0	0	0	0	0	0	0	0	120	120	

注：1）　第 2 株主において，1 社の株主属性の「その他」30.00％は「40％〜30％」にカウントされている。第 3 株主において，1 社の株主属性の「その他」10.00％は「20％〜10％」にカウントされている。
　　2）　小数点 2 位未満四捨五入。
出所：各社の「2011 年年度報告書」により作成（内訳は図表 1-7 と同様）。

株の持株比率の平均値は 40.43％である。これは「その他」（非国有部門）の性質の持株比率（26.35％）よりもかなり高いのである。国家株，または国有法人株が筆頭株主である上場会社は，筆頭株主が「その他」（非国有部門）の性質の上場会社より株式が集中していることも明らかである。

一方，第 2 株主が国家株，国有法人株である会社は 120 社のうち，56 社

で全体の46.67%を占めている。国有資本参加の上場会社において，第2株主が国家株，国有法人株である会社は半数弱であることが分かる。第2株主においても，多くの国有資本参加の上場会社では依然として国有株の割合が比較的高く，非国有株の割合は低いのである（図表4-3参照）。

図表4-4　上場企業120社における上位5大株主の持株比率の状況（非国有資本参加企業）

（単位：社，%）

	80%以上	80～70%	70～60%	60～50%	50～40%	40～30%	30～20%	20～10%	10%以下	合計
筆頭株主	0	4	5	7	18	16	39	24	7	120
第2株主	0	0	0	0	0	0	5	18	97	120
第3株主	0	0	0	0	0	0	0	7	113	120
第4株主	0	0	0	0	0	0	0	2	118	120
第5株主	0	0	0	0	0	0	0	0	120	120

出所：各社の「2011年年度報告書」により作成（内訳は図表1-6と同様）。

非国有資本参加の上場会社120社における上位5大株主の状況についての具体的構成をみたのが図表4-4である。図表4-4で示されているように，非国有資本参加の上場会社120社のうち，筆頭株主の持株比率が最も多いのは30%～20%で39社，その次に20～10%で24社である。つまり，半数以上の会社の筆頭株主の持株比率は30%～10%である。一方，筆頭株主の持株比率が50%以上である会社は16社で，全体の13.33%である。

国有資本参加の上場会社においては，筆頭株主の持株比率が50%以上である企業は28社で，全体の23.33%である。一方，非国有資本参加の上場会社は国有資本参加の上場会社に比べ，10%ほど少ないのである。つまり，中国の上場会社において，全体的に株式所有集中度が高いものの，国有資本参加の上場会社の筆頭株主による集中度は非国有資本参加の上場会社より高いことが分かる。

既に指摘したように，中国における上場会社は国有企業を株式制企業に転換する過程で生まれたものが大多数である。従って，上場会社の株式所有構

造はこのような歴史的背景と大きな関連性を持っているのが特徴であるといえるのであろう。上述したように，国有資本参加の上場会社の株式所有集中度は非国有資本参加の上場会社の株式所有集中度より高いものの，中国における上場会社は所有制と関係なく，全般的に株式所有集中度[9]がかなり高いのである。

株式所有構造と企業統治との関連性における研究として，主に次の2つが挙げられる。1つは株式所有構造と企業のパフォーマンスとの関連性の研究で，もう1つは株式所有構造と取締役会，監査役会との関連性の研究である[10]。

株式所有構造，とりわけ株式所有集中度と企業のパフォーマンスの関連性に関する研究では，必ずしも一致した結論が見られているとはいえない。J. McConnelとH. Servaes（1990）の実証研究では，企業のパフォーマンスと企業価値は株式所有構造と密接な関係があり，株式所有集中度は企業のパフォーマンスと企業価値に影響を与えていることを指摘している[11]が，他方，株式所有構造と企業のパフォーマンスには明らかな関連性がないという研究報告もある。例えば，C. HoldernessとD. Sheehan（1988）は，支配株主を有する上場会社と株式が高度に分散し，支配株主が存在してない上場会社の比較分析を行い，企業のパフォーマンスと株式所有構造には直接的な関係がないことを明らかにしている。つまり，会社の株式分散程度，または集中程度は会社のパフォーマンスと企業価値に明確な影響を与えるとはいえないことを指摘しているのである[12]。これらの研究成果から分かるように，株式集中的所有構造が企業のパフォーマンスに与える影響についての結論は一概にはいえないことが分かる。

本章では，このような背景を踏まえて，株式所有構造と取締役会，監査役会との関連性に焦点を当てて分析を進めていきたい。既に指摘したように，国有資本参加の上場会社であれ，非国有資本参加の上場会社であれ，中国の上場会社では株式所有集中度がかなり高いことが明らかである。従って，このような株式所有構造の下で，国有資本参加企業と非国有資本参加企業では大株主がどのように企業統治に関与しているかを比較考察したい。

4 上場会社における大株主による取締役会への影響力
～所有制別による比較分析～

『公司法』では、株主総会は会社の意思決定の最高機関であり、取締役の選任や解任、取締役の報酬などの重要事項が決議される、と定められている。取締役会は、会社の業務執行に関する意思決定を行い、代表取締役を選定あるいは解職する。法制度からみた場合、会社の経営に関する意思決定には所有者である株主が何らかの形で関わる仕組みになっている。それでは次に、集中的株式所有構造である中国の上場会社において、所有制別による大株主と取締役との関連性について考察する。

4.1 所有制別による代表取締役と大株主との関連性

国有資本参加の上場会社における代表取締役と大株主との関連性を表したのが図表 4-5 である。国有資本参加の上場会社における代表取締役の大株主での職務は、主に経営陣、党の幹部、経営陣・党の幹部（2つ職務を同時に兼務）である。図表 4-5 からも分かるように、国有資本参加の上場会社において、大株主から派遣されている代表取締役は極めて多い。76.67％の代表取締役は大株主からの派遣と思われる。全体の 7 割の代表取締役は筆頭株主に集中している。つまり、代表取締役と大株主との関連で、ほとんどの代表取締役は筆頭株主から派遣されているといえる。ごく一部である 6.67％の代表取締役のみが筆頭株主以外の大株主から派遣されているのである。

大株主における代表取締役の職務を見た場合、最も多い職務として経営陣が挙げられる。その割合は大株主からの派遣と思われる代表取締役の 91.30％（人数：84 名、経営陣・党の幹部を同時に兼務する人数も含む。）である。その次に多いのは大株主での経営陣・党の幹部の職務で合計 27 名で、派遣と思われる代表取締役の 29.35％を占めている。つまり、代表取締役の大株主での職務において、最も多いのは経営陣との関連で、代表取締役

図表 4-5 代表取締役と大株主との関連性（国有資本参加企業）

(単位：名, %)

大株主	大株主における職務	人数	代表取締役全体に占める割合
筆頭株主	経営陣	52	43.33
	党の幹部	3	2.50
	経営陣・党の幹部	25	20.83
	幹部	2	1.67
	不明	2	1.67
筆頭株主関係者		84	70
第2株主	経営陣	2	1.67
	経営陣・党の幹部	2	1.67
	不明	1	0.83
第2株主関係者		5	4.17
第4株主	経営陣	1	0.83
第5株主	経営陣	1	0.83
第6株主	経営陣	1	0.83
大株主と関りがあると思われる関係者合計		92	76.67
大株主と関わりがないと思われる人数		28	23.33
合計（全体）		120	

注：1) サンプル数は 120 社。代表取締役の中国語の呼称として董事長，董事局主席などがある。
　　2) ・筆頭株主の親会社の経営陣に在籍している代表取締役が 3 名いるが，筆頭株主の経営陣にカウントしている。
　　　・1 名は筆頭株主の経営陣であると同時に，第 4 株主の経営陣にも在籍しているが，筆頭株主の経営陣にカウントしている。
　　　・1 名は筆頭株主の経営陣であると同時に，第 2 株主の経営陣にも在籍しているが，筆頭株主の経営陣にカウントしている。
　　　・1 名は筆頭株主の経営陣であると同時に，第 9 株主（職務不明）にも在籍しているが，筆頭株主の経営陣にカウントしている。
　　　・1 名は筆頭株主の経営陣・党の幹部であると同時に，第 7 株主の党の幹部でもあるが，筆頭株主の経営陣・党の幹部にカウントしている。
　　　・1 名は筆頭株主（職務不明）に在籍していると同時に，第 2 株主の経営陣でもあるが，筆頭株主の不明にカウントしている。
　　3) 小数点 2 位未満四捨五入。
出所：各社の「2011 年年度報告書」により作成（内訳は図表 1-7 と同様）。

全体の 70％である。そのうち，筆頭株主における代表取締役の職務で，経営陣という職務が全体の 43.33％で最も多く，2 番目に経営陣・党の幹部で全体の 20.83％である。国有資本参加企業において，代表取締役は大株主の経営に携わりながら，当該企業の代表取締役を兼務していることが一般的なパターンであると考えられる。

　一方，図表 4-6 は，非国有資本参加の上場会社における代表取締役と大株主との関係である。非国有資本参加の上場会社における大株主からの派遣と思われる代表取締役の大株主での職務は，主に経営陣，党の幹部，経営陣・党の幹部である。それ以外に，個人という出資者である大株主が当該の代表取締役に就いていることも分かる。非国有資本参加企業において，大株主と関連している代表取締役は 79.17％で，極めて高い（図表 4-6 参照）。代表取締役が筆頭株主との関係者であるものが 73.33％で，筆頭株主以外の大株主との関係者であるものが 5.84％である。代表取締役の大株主での職務を見た場合，最も多い職務は経営陣で合計 81 名（経営陣・党の幹部を同時に兼務する人数も含む）で，大株主からの派遣と思われる代表取締役の 85.26％を占めている。その次に多いのが個人（出資者）で合計 13 名，派遣と思われる代表取締役の 13.68％である。3 番目に多いのが経営陣・党の幹部で合計 5 名，派遣と思われる代表取締役の 5.26％である。非国有参加企業においても，全体の 67.5％の代表取締役は大株主の方の経営に携わっていることが分かる。

　国有資本参加企業の代表取締役の 76.67％は大株主と関連していることは既に述べた通りである。他方，非国有資本参加企業の 79.17％の代表取締役が大株主と関連していることも既に指摘した通りである。つまり，中国の上場会社の代表取締役と大株主との関連において，国有資本参加企業と非国有資本参加企業で大きな違いが見られない。いずれも 8 割弱の代表取締役は大株主の関係者である。さらに，国有資本参加企業では，筆頭株主と関連している代表取締役は 70％で，非国有資本参加企業では，筆頭株主と関連している代表取締役は 73.33％である。代表取締役と筆頭株主からの派遣と思われる代表取締役の割合を見ても，所有制別による大きな差はないことが分かる。

図表 4-6　代表取締役と大株主との関連性（非国有資本参加企業）

(単位：名，%)

大株主	大株主における職務	人数	代表取締役全体に占める割合
筆頭株主	経営陣	72	60.00
	党の幹部	1	0.83
	経営陣・党の幹部	5	4.17
	個人（出資者）	10	8.33
筆頭株主関係者		88	73.33
第2株主	経営陣	1	0.83
	個人（出資者）	1	0.83
第2株主関係者		2	1.67
第3株主	経営陣	1	0.83
	個人（出資者）	2	1.67
第3株主関係者		3	2.5
第4株主	経営陣	1	0.83
第5株主	経営陣	1	0.83
大株主と関係があると思われる関係者合計		95	79.17
大株主と関係がないと思われる人数		25	20.83

注：1)　図表4-5の1)と同様。
　　2)・1名は筆頭株主の経営陣であると同時に，筆頭株主の親会社の出資者で，第10株主（個人）でもあるが，筆頭株主の経営陣にカウントしている。
　　　・3名は筆頭株主の経営陣であると同時に，筆頭株主の親会社の出資者でもあるが，筆頭株主の経営陣にカウントしている。
　　　・2名は筆頭株主の経営陣であると同時に，第2株主（個人）でもあるが，筆頭株主の経営陣にカウントしている。
　　　・3名は筆頭株主の経営陣であると同時に，筆頭株主の出資者（個人）でもあるが，筆頭株主の経営陣にカウントしている。
　　　・1名は筆頭株主の親会社の出資者であるが，筆頭株主の出資者にカウントしている。
　　　・5名は筆頭株主の親会社の経営陣であるが，筆頭株主の経営陣にカウントしている。
　　　・1名は第5株主の経営陣であると同時に，第6株主の経営陣であるが，第5株主の経営陣にカウントしている。
　　3)　小数点2位未満四捨五入。
出所：各社の「2011年年度報告書」により作成（内訳は図表1-6と同様）。

一方，所有制別による大株主における代表取締役の職務を考察すると，明確な相違が見られる。国有資本参加企業の場合，最も多い職務は大株主での経営陣で，その次に，大株主での経営陣・党の幹部の職務である。これに対し，非国有資本参加企業の場合には，最も多い職務は国有資本参加企業と同様であるが，その次には個人（出資者）であることが明らかになった。但し，非国有資本参加企業においても，大株主における代表取締役の職務で，経営陣と党の幹部を同時に兼務する人数が3番目に多いことは興味深いことである。

4.2 所有制別による社内取締役と大株主との関連性

所有制別による社内取締役と大株主との関連性について，次の2つの側面に焦点を当てて考察を進めていきたい。1つの側面は，大株主からの派遣と思われる社内取締役の割合で，もう1つの側面は大株主からの派遣と思われる社内取締役の大株主における職務状況である。

国有資本参加企業における社内取締役と大株主との関連性をみたのが図表4-7である。国有資本参加企業の社内取締役は筆頭株主，第2株主，第3株主，第4株主，第5株主，第6株主，第7株主，第10株主の多くの大株主から派遣されていることが図表4-7で分かる。大株主と関係があると思われる社内取締役は全体の48.71％である。半数弱の社内取締役は大株主からの派遣と思われる。そのうち，筆頭株主から派遣されている社内取締役が最も多く，全体の社内取締役の37.86％である。4割弱の社内取締役は筆頭株主と関連性があるのである。筆頭株主以外の大株主から派遣と思われる社内取締役は全体の10.84％である。大株主の株式所有比率の高さは会社の取締役会のメンバーの構成に大きな影響を及ぼしているともいえる。

大株主における職務は主に経営陣，党の幹部，経営陣・党の幹部，幹部，党の幹部・幹部（2つの職務を同時に兼務）に集中している。その中で，最も多い職務は大株主における経営陣で240名（経営陣・党の幹部を同時に兼務する人数も含む）である。派遣と思われる社内取締役の79.73％を占めている。その次に，経営陣・党の幹部は55名で，派遣と思われる社内取締役

図表4-7 社内取締役と大株主との関連性（国有資本参加企業）

(単位：名，%)

大株主	大株主における職務	人数	社内取締役全体に占める割合	大株主	大株主における職務	人数	社内取締役全体に占める割合
筆頭株主	経営陣	139	22.49	第4株主	経営陣	3	0.49
	党の幹部	15	2.43		経営陣・党の幹部	2	0.32
	経営陣・党の幹部	47	7.61		その他	1	0.16
	幹部	27	4.37	第4株主関係者合計		6	0.97
	幹部・党の幹部	3	0.49	第5株主	経営陣	2	0.32
	その他	3	0.49		その他	1	0.16
筆頭株主関係者合計		234	37.86	第5株主関係者合計		3	0.49
第2株主	経営陣	27	4.37	第6株主	経営陣	3	0.49
	党の幹部	1	0.16	第7株主	幹部	1	0.16
	経営陣・党の幹部	4	0.65	第10株主	経営陣	1	0.16
	幹部	6	0.97		その他	1	0.16
第2株主関係者合計		38	6.15	第10株主関係者合計		2	0.32
第3株主	経営陣	10	1.62	大株主と関係があると思われる合計人数		301	48.71
	経営陣・党の幹部	2	0.32	大株主と関係がないと思われる人数		317	51.29
	幹部	1	0.16	社内取締役（代表取締役を除く）合計		618	
	その他	1	0.16				
第3株主関係者合計		14	2.27				

注：1) サンプル数は120社。
2) ・株主からの派遣には，その株主の出資先からの派遣，その親会社の関連会社からの派遣も含む。
・筆頭株主の親会社の経営陣から派遣されている取締役が5名いるが，筆頭株主の経営陣にカウントしている。
・筆頭株主の親会社の幹部が2名いるが，筆頭株主の幹部にカウントしている。
・1名は筆頭株主の親会社の経営陣・党の幹部であるが，筆頭株主の経営陣・党の幹部にカウントしている。
・1名は筆頭株主の親会社の経営陣であると同時に，第5株主の経営陣でもある。ここでは筆頭株主の経営陣にカウントしている。
・1名は筆頭株主の経営陣であると同時に，第2株主の幹部でもある。ここでは筆頭株主の経営陣にカウントしている。
・2名は筆頭株主の経営陣であると同時に，第2株主の経営陣でもある。ここでは筆頭株主の経営陣にカウントしている。

・1名は筆頭株主の経営陣であると同時に，第3株主の経営陣でもある。ここでは筆頭株主の経営陣にカウントしている。
・1名は筆頭株主に在籍していると同時に，第7株主の経営陣・党の幹部でもある。ここでは筆頭株主のその他にカウントしている。
・1名は第2株主，第3株主，第4株主の経営陣に在籍しているが，第2株主の経営陣にカウントしている。
・第3株主の親会社の経営陣から派遣されている取締役が1名いるが，第3株主の経営陣にカウントしている。
3) 社内取締役とは，取締役会のメンバーで，外部取締役，独立取締役を除いた取締役である。ここで取り上げている社内取締役は代表取締役を除いた社内取締役で，総人数は618名である。
4) 小数点2位未満四捨五入。
出所：各社の「2011年度報告書」により作成（内訳は図表1-7と同様）。

の18.27％である。

　非国有資本参加企業における社内取締役と大株主との関連性は図表4-8のとおりである。図表4-8から分かるように，大株主からの派遣と思われる社内取締役は全体の41.29％で，4割強を占めている。非国有参加企業において，社内取締役の派遣母体は筆頭株主，第2株主，第3株主，第4株主，第5株主，第6株主，第7株主，第8株主，第9株主，第10株主で，国有資本参加企業に比べ，幅広い大株主から派遣されていることが分かる。そのうち，筆頭株主からの派遣と思われる取締役は社内取締役全体の32.20％で，第2株主から第10株主からの派遣は9.09％である。大多数の取締役は筆頭株主と関連していることが分かる。

　大株主からの派遣と思われる社内取締役の大株主における職務をみると，経営陣，党の幹部，経営陣・党の幹部，幹部，幹部・党の幹部，その他である。それ以外に，個人（出資者）である大株主も18名（派遣と思われる社内取締役の8.26％）が含まれている。特に，第2株主から個人（出資者）という大株主でありながら当該企業の取締役に就くことが目立っているのである。大株主における職務において，最も多い職務は経営陣で179名（経営陣・党の幹部を同時に兼務する人数も含む），大株主からの派遣と思われる社内取締役の82.11％である。つまり，8割強の社内取締役は大株主の経営に携わりながら，当該企業の取締役として活躍しているのである。

　以上の考察から中国の上場会社における所有制別による社内取締役と大株

図表 4-8　社内取締役と大株主との関連性（非国有資本参加企業）

(単位：名，%)

大株主	大株主における職務	人数	社内取締役全体に占める割合	大株主	大株主における職務	人数	社内取締役全体に占める割合
筆頭株主	経営陣	149	28.22	第5株主	経営陣	1	0.19
	党の幹部	1	0.19		個人(出資者)	2	0.38
	経営陣・党の幹部	3	0.57	第5株主関係者		3	0.57
	幹部	10	1.89	第6株主	経営陣	2	0.38
	幹部・党の幹部	1	0.19		幹部	1	0.19
	その他	6	1.14	第6株主関係者		3	0.57
筆頭株主関係者		170	32.20	第7株主	個人(出資者)	1	0.19
第2株主	経営陣	13	2.46	第8株主	個人(出資者)	1	0.19
	個人(出資者)	2	0.38	第9株主	経営陣	1	0.19
第2株主関係者		15	2.84		個人(出資者)	2	0.38
第3株主	経営陣	5	0.95	第9株主関係者		3	0.57
	経営陣・党の幹部	2	0.38	第10株主	個人(出資者)	3	0.57
	幹部	2	0.38	大株主と関係があると思われる合計人数		218	41.29
	個人(出資者)	5	0.95	大株主と関係がないと思われる人数		310	58.71
第3株主関係者		14	2.65	社内取締役（代表取締役を除く）合計		528	
第4株主	経営陣	3	0.57				
	個人(出資者)	2	0.38				
第4株主関係者		5	0.95				

注：1) サンプル数は120社。
　　2) ・1名は筆頭株主の経営陣であると同時に，第5株主，第6株主の経営陣でもある。ここでは筆頭株主の経営陣にカウントしている。
　　　・6名は筆頭株主の監査役会構成員であるが，ここでは筆頭株主の経営陣にカウントしている。
　　　・17名は筆頭株主の親会社の経営陣であるが，筆頭株主の経営陣にカウントしている。
　　　・1名は筆頭株主の監査役会構成員であると同時に，第5株主（個人）でもあるが，筆頭株主の経営陣にカウントしている。
　　　・1名は筆頭株主の経営陣であると同時に，第3株主（個人）でもあるが，筆頭株主の経営陣にカウントしている。
　　　・1名は筆頭株主の経営陣であると同時に，第2株主の経営陣でもあるが，筆頭株主の経営陣にカウントしている。
　　　・1名は筆頭株主の経営陣であると同時に，第2株主，第6株主の経営陣でもあるが，筆頭株主の経営陣にカウントしている。
　　　・1名は筆頭株主の経営陣であると同時に，第3株主の経営陣でもあるが，筆頭株主の経営陣にカウントしている。

・2名は筆頭株主の経営陣であると同時に，筆頭株主の出資者でもあるが，筆頭株主の経営陣にカウントしている。
・4名は筆頭株主の親会社の幹部であるが，筆頭株主の幹部にカウントしている。
・その他には，筆頭株主（個人）1名，筆頭株主の出資者（個人）1名，筆頭株主の親会社の出資者（2名）等が含まれている。
・1名は第3株主の経営陣であると同時に，第6株主（個人）でもあるが，第3株主の経営陣にカウントしている。
・1名は第3株主の親会社の経営陣であるが，第3株主の経営陣にカウントしている。
・2名は第3株主の親会社の経営陣・党の幹部であるが，ここでは，第3株主の経営陣・党の幹部にカウントしている。
・1名は第5株主の経営陣であると同時に，第7株主（個人）でもあるが，第5株主の経営陣にカウントしている。
・1名は第6株主の監査役会構成員であるが，第6株主の経営陣にカウントしている。
3) 社内取締役とは，取締役会構成員で，外部取締役，独立取締役を除いた取締役である。ここで取り上げている社内取締役は代表取締役を除いた人数で，総人数は528名である。
4) 小数点2位未満四捨五入。

出所：各社の「2011年年度報告書」により作成（内訳は図表1-6と同様）。

主との関連性について次のように纏めることができる。

　大株主からの派遣と思われる社内取締役の割合をみた場合，国有資本参加企業では48.71％で，非国有資本参加企業では41.29％である。その差は7.42％で僅かであり，所有制別による明らかな違いは見られない。つまり，中国の上場会社においては所有制性質と関係なく，国有資本参加企業も非国有資本参加企業も4割強の社内取締役が大株主からの派遣と思われる。さらに，筆頭株主との関連性においても，所有制性質による大きな違いが見られない。国有資本参加企業も非国有資本参加企業も3割強の社内取締役は筆頭株主からの派遣と思われる。

　次に，大株主からの派遣と思われる社内取締役の大株主における職務を見た場合，国有資本参加企業においても，非国有資本参加企業においても，最も多い職務は経営陣という職務である。その割合は，国有資本参加企業では79.73％で，非国有資本参加企業では82.11％である。つまり，大株主で経営陣の職務を兼務している社内取締役は，国有資本参加企業でも，非国有参加企業でも最も多いものの，非国有資本参加企業の方が国有資本参加企業の方より2.38％が多いのである。二番目に多い職務は，国有資本参加企業では経営陣・党の幹部であるのに対し，非国有資本参加企業では個人（出資者）と

4.3 所有制別による取締役と総経理の兼務状況

国有資本参加企業において,取締役による総経理,または副総経理の兼務状況を表したのが図表4-9である。

国有資本参加の上場会社において,取締役が総経理,または副総経理を兼任する人数は合計149名で,全体の社内取締役の20.19%を占めている。つまり,5名の社内取締役のうち1名が総経理,または副総経理を兼任してい

図表4-9 取締役による総経理・副総経理の兼務状況（国有資本参加企業）

(単位：名,％)

職務		大株主との関係	人数	社内取締役全体に占める割合
取締役	総経理	筆頭株主	21	2.85
		第2株主	2	0.27
		第10株主	1	0.14
		大株主と関わりがあると思われる合計人数	24	3.26
		大株主と関わりがないと思われる人数	75	10.16
		合計	99	13.41
	副総経理	筆頭株主	4	0.54
		第2株主	1	0.14
		大株主と関わりがあると思われる合計人数	5	0.68
		大株主と関わりがないと思われる人数	45	6.10
		合計	50	6.78
	兼務合計人数		149	20.19

注：1) サンプル数は120社。
　　2) 総経理は日本の社長に相当する職務である。会社により呼称が異なるものの,総裁,CEOとも呼ぶ場合があるが,総経理に統一する。
　　3) 120社における社内取締役の総人数は738（うち：代表取締役120名）名である。
　　4) 小数点2位未満四捨五入。
出所：各社の「2011年度報告書」により作成（内訳は図表1-7と同様）。

ることになる。

　取締役と総経理の兼務状況をみた場合，全体の 13.41％（99 名）の取締役が総経理を兼務している。そのうち，大株主と関わりがあると思われる人数は 24 名で，全体の 3.26％である。大株主と関わりがないと思われる人数は 75 名で，全体の 10.16％である（図表 4-9 を参照）。総経理を兼務する取締役と関わりがあると思われる大株主には，筆頭株主，第 2 株主，第 10 株主がある。大株主と関わりがあると思われる取締役の 24 名のうち 21 名は筆頭株主からの派遣と思われる。つまり，総経理を兼務する取締役と大株主との関わりで，筆頭株主との関わりが最も多いのである。

　他方，副総経理を兼務する取締役は 50 名で，社内取締役全体の 6.78％を占めている。そのうち，大株主と関わりがあると思われる人数は 5 名（全体の 0.68％）で，大株主と関わりがないと思われる人数は 45 名で，全体の 6.10％である。副総経理を兼務する取締役と関わりがあると思われる大株主は，筆頭株主と第 2 株主で，5 名のうち 4 名は筆頭株主と関りがある。

　次に，図表 4-10 は，非国有資本参加の上場会社における取締役による総経理・副総経理の兼務状況である。取締役が総経理，または副総経理を兼務する合計人数は 226 名で，社内取締役全体の 34.88％を占めている。

　さらに，取締役が総経理を兼務する人数は 107 名で，社内取締役全体の 16.51％を占めている。そのうち，大株主と関わりがあると思われる人数は 44 名（社内取締役全体の 6.79％）で，大株主と関わりがないと思われる人数は 63 名（社内取締役全体の 9.72％）である。大株主と関わりがあると思われる取締役は筆頭株主，第 2 株主，第 3 株主，第 4 株主，第 5 株主，第 9 株主などの大株主から派遣されているのである。但し，大株主と関わりがあると思われる取締役の 44 名のうち，35 名は筆頭株主（社内取締役全体の 5.40％）との関わりである（図表 4-10 を参照）。

　他方，取締役が副総経理を兼務する人数は 119 名で，社内取締役全体の 2 割弱を占めている。大株主との関連をみると，大株主と関わりがあると思われる人数は社内取締役全体の 3.24％（21 名）で，大株主と関わりがないと思われる人数は社内取締役全体の 15.12％で，98 名である。関わりがある大

図表 4-10　取締役による総経理・副総経理の兼務状況（非国有資本参加企業）

(単位：名，％)

職務		大株主との関係	人数	社内取締役全体に占める割合
取締役	総経理	筆頭株主	35	5.40
		第2株主	2	0.31
		第3株主	2	0.31
		第4株主	2	0.31
		第5株主	1	0.15
		第9株主	2	0.31
		大株主と関わりがあると思われる合計人数	44	6.79
		大株主と関わりがないと思われる人数	63	9.72
		合計	107	16.51
	副総経理	筆頭株主	15	2.31
		第2株主	3	0.46
		第3株主	1	0.15
		第4株主	2	0.31
		大株主と関わりがあると思われる合計人数	21	3.24
		大株主と関わりがないと思われる人数	98	15.12
		合計	119	18.36
	兼務人数合計		226	34.88

注：1)　サンプル数は120社。また，4-9の2)と同様。
　　2)　1名は筆頭株主と関わりがあると同時に，第3株主とも関わりがある。ここでは筆頭株主にカウントしている。
　　3)　120社における社内取締役の総人数は648名（うち：代表取締役120名）である。
　　4)　小数点2位未満四捨五入。
出所：各社の「2011年年度報告書」により作成（内訳は図表1-6と同様）。

株主は筆頭株主，第2株主，第3株主，第4株主である。大株主と関わりがあると思われる人数21名のうち，15名（社内取締役全体の2.31％）は筆頭株主との関わりである。

　つまり，非国有資本参加企業において，3割強の取締役が当該企業の総経

理，または副総経理を兼務しているのである。そのうち，総経理，または副総経理を兼務する取締役で大株主と関わりがあると思われる人数は65名（総経理44名，副総経理21名）であり，社内取締役全体の10.03％を占める。一方，大株主と関わりがないと思われる人数は161名で，全体の24.85％である。大株主と関わりがないと思われる人数は関わりがあると思われる人数の2倍強であるのである。大株主と関わりがあると思われる65名のうち，50名は筆頭株主との関わりである。

　以上の比較による考察から，中国の上場会社における社内取締役と総経理，または副総経理の兼務状況，及び大株主との関連性について，国有資本参加企業と非国有資本参加企業の特徴は以下のように纏められる。

　① 取締役と総経理，または副総経理の兼務状況をみると，非国有資本参加企業では社内取締役全体の34.88％で，国有資本参加企業では社内取締役全体の20.19％である。つまり，非国有資本参加企業の方が国有資本参加企業の方より14.69％も高いのである。従って，非国有資本参加企業が国有資本参加企業より意思決定と執行の分離が遅れていることが分かる。

　② 取締役を兼務する総経理，または副総経理と大株主との関連性をみた場合，国有資本参加企業では3.94％（3.26％＋0.68％）で，非国有資本参加企業では10.03％（6.79％＋3.24％）である（図表4-9，4-10を参照）。つまり，当該企業の取締役をしながら大株主と関りがあると思われる総経理，または副総経理は非国有資本参加企業の方が国有資本参加企業の方より3倍弱多いことが分かる。

　また，非国有資本参加企業の総経理，または副総経理が国有資本参加企業の総経理，または副総経理より幅広い大株主と関りがあることも明らかになった。但し，所有制別と関係なく，筆頭株主との関りが最も多いことも分かる。

　次に，代表取締役と総経理の兼務状況を考察したい。図表4-11は，国有資本参加企業における代表取締役と総経理の兼務状況である。国有資本参加企業において，代表取締役が総経理を兼務している人数は7名で，全体の5.83％である。国有資本参加企業の上場会社において，ごく一部の代表取締

役が総経理を兼務していることが分かる。そのうち大株主と関わりがあると思われる人数は6名で、大多数の総経理を兼務する代表取締役は大株主から派遣されていると思われる。関わりがある大株主としては筆頭株主と第2株主で、上位の大株主に集中しているのである。特に総経理を兼務する代表取

図表 4-11 代表取締役と総経理の兼務状況（国有資本参加企業）

(単位：名，%)

職務		大株主との関係	人数	代表取締役全体に占める割合
代表取締役	総経理	筆頭株主	5	4.17
		第2株主	1	0.83
		大株主と関わりがあると思われる合計人数	6	5
		大株主と関わりがないと思われる人数	1	0.83
		合計	7	5.83

注：1) サンプル数120社。また、4-9の2）と同様。
　　2) 代表取締役の総人数は120名である。
　　3) 小数点2位未満四捨五入。
出所：各社の「2011年年度報告書」により作成（内訳は図表1-7と同様）。

図表 4-12 代表取締役と総経理の兼務状況（非国有資本参加企業）

(単位：名，%)

職務		大株主との関係	人数	代表取締役全体に占める割合
代表取締役	総経理	筆頭株主	10	8.33
		第2株主	1	0.83
		第3株主	1	0.83
		第4株主	1	0.83
		大株主と関わりがあると思われる合計人数	13	10.83
		大株主と関わりがないと思われる人数	9	7.50
		合計	22	18.33

注：1) サンプル数120社。また、4-9の2）と同様。
　　2) 代表取締役の総人数は120名である。
　　3) 小数点2位未満四捨五入。
出所：各社の「2011年年度報告書」により作成（内訳は図表1-6と同様）。

締役の7名のうち，筆頭株主との関りがある者が5名で圧倒的に多い。

一方，非国有資本参加の上場会社における代表取締役と総経理の兼務状況を表したものが図表4-12である。代表取締役が総経理を兼務する人数は22名で，全体の18.33％である。つまり，非国有資本参加企業において，2割弱の代表取締役は総経理を兼務しているのである。大株主と関わりがある代表取締役は13名で，関わりがないと思われる人数は9名である。代表取締役が総経理を兼務する人数から見た場合，6割弱の代表取締役が大株主と関わりがあることになる。その大株主は筆頭株主，第2株主，第3株主，第4株主で，比較的分散しているものの，筆頭株主に高度に集中（13名のうち10名）していることが分かる。

所有制別による代表取締役と総経理の兼務状況，及び大株主との関連性を考察すると，取締役による総経理，または副総経理の兼務状況，及び大株主との関連性と同じ傾向が見られるのが特徴である。代表取締役が総経理を兼務する割合をみると，非国有資本参加企業では18.33％で，国有資本参加企業では5.83％である。つまり，非国有資本参加企業では国有資本参加企業の3倍以上である。他方，大株主との関りでも大きな違いが見られる。総経理を兼任する代表取締役と大株主との関りの割合においては，非国有資本参加企業では10.83％を占める。これは国有資本参加企業での5％の2倍以上を示す。

5　上場会社における大株主による監査役会への影響力
　　～所有制別による比較分析～

5.1　所有制別による監査役会主席と大株主との関連性

図表4-13は，国有資本参加の上場企業120社における監査役会主席と大株主との関連性を表したものである。大株主と関わりがあると思われる監査役会主席の人数は66名で，全体の56.90％を占めている。つまり，半数以上の監査役会主席は大株主からの派遣であると思われる。その大株主には，筆

頭株主以外にも第2株主，第3株主，第4株主，第5株主，第7株主がある。しかし，筆頭株主からの派遣が58名で，大多数を占めているのに対し，筆頭株主以外の大株主からの派遣は大株主からの派遣と思われる代表取締役の12.12％で，8名しかいないのである。つまり，大株主と関わりがあると思われる監査役会主席の大多数は筆頭株主からの派遣であることが明ら

図表4-13 監査役会主席と大株主との関連性（国有資本参加企業）

（単位：名，％）

大株主	大株主における職務	人数	監査役会主席全体に占める割合
筆頭株主	経営陣	25	21.55
	党の幹部	7	6.03
	経営陣・党の幹部	9	7.76
	幹部	11	9.48
	幹部・党の幹部	6	5.17
筆頭株主関係者		58	50
第2株主	経営陣	1	0.86
	経営陣・党の幹部	2	1.72
	幹部	1	0.86
第2株主関係者		4	3.45
第3株主	幹部	1	0.86
第4株主	党の幹部	1	0.86
第5株主	経営陣	1	0.86
第7株主	党の幹部	1	0.86
大株主と関わりがあると思われる人数		66	56.90
大株主と関わりがないと思われる人数		50	43.10
合計		116	

注：1) 120社のサンプルの内，4社は監査役会主席を明らかにしてない。
2) 会社により監査役会主席の呼称は異なるものの（中国語：監事会主席，監事長，監事会召集人，首席監事），監査役会主席に統一する。
3) 3社の監査役会主席は筆頭株主の親会社の経営陣であるが，筆頭株主の経営陣にカウントしている。
4) 1社の監査役会主席は筆頭株主の親会社の幹部・党の幹部であるが，筆頭株主の幹部・党の幹部にカウントしている。
出所：各社の「2011年年度報告書」により作成（内訳は図表1-7と同様）。

かになったといえる。

　さらに，図表 4-13 の監査役会主席の大株主における職務をみると，経営陣，党の幹部，経営陣・党の幹部，幹部，幹部・党の幹部に集中していることが分かる。大株主における最も多い職務は経営陣で 38 名（経営陣・党の幹部を同時に兼務する人数も含む）で，大株主と関わりがあると思われる人数の 57.58％を占めている。つまり，大株主と関係があると思われる監査役会主席の半数以上は大株主で経営陣という職務に就いているのである。次に多い職務は党の幹部で 26 名（経営陣・党の幹部を同時に兼務する人数と幹部・党の幹部を同時に兼務する人数を含む。）で，大株主と関わりがあると思われる人数の 39.39％である。大株主と関わりがあると思われる 4 割弱の監査役会主席が大株主で党の幹部という職務に務めているのである。

　他方，非国有資本参加の上場会社における監査役会主席と大株主との関連性を表したのが図表 4-14 である。非国有資本参加の上場会社において，大株主からの派遣と思われる監査役会主席は 44 名で，全体の 39.64％を占めている。大株主と関わりがないと思われる監査役会主席の人数は 67 名で，全体の 60.36％である。つまり，4 割弱の監査役会主席が大株主と関りがあることが確認される。監査役会主席と関わりがあると思われる大株主には，筆頭株主，第 2 株主，第 3 株主，第 6 株主がある。そのうち，筆頭株主からの派遣が 39 名で圧倒的に多く，大株主と関りがあると思われる総人数（44 名）の 88.64％を占めている。筆頭株主以外の大株主からの派遣と思われる監査役会主席は 5 名に過ぎない。大多数の監査役会主席は筆頭株主からの派遣であることが分かる。

　監査役会主席の大株主における職務をみると，主に経営陣，経営陣・党の幹部，幹部，幹部・党の幹部，個人（出資者）に集中していることが分かる。大株主における監査役会主席の最も多い職務は経営陣（経営陣・党の幹部を同時に兼務する人数も含む）という職務で 27 名を占めている。これは大株主と関係があると思われる総人数の 61.36％である。つまり，大株主関係者と思われる監査役会主席の 6 割以上は大株主で経営陣という職務に就いていることが明らかになった。図表 4-14 から分かるように，その次に多い

図表 4-14　監査役会主席と大株主との関連性（非国有資本参加企業）

(単位：名，%)

大株主	大株主における職務	人数	代表監査役全体に占める割合
筆頭株主	経営陣	23	20.72
	経営陣・党の幹部	1	0.90
	幹部	11	9.91
	幹部・党の幹部	4	3.60
筆頭株主関係者		39	35.14
第 2 株主	経営陣	2	1.80
第 3 株主	経営陣	1	0.90
	不明	1	0.90
第 3 株主関係者		2	1.80
第 6 株主	個人（出資者）	1	0.90
大株主関係者と思われる人数合計		44	39.64
大株主と関わりがないと思われる人数合計		67	60.36
合計（全体）		111	

注：1)　図表 4-13 の 2) と同様。
　　2)　120 社のサンプルの内，9 社は監査役会主席を明らかにしてない。
　　3)・大株主の監査役会構成員は，大株主の経営陣にカウントしている。
　　　・2 名は筆頭株主の親会社の経営陣であるが，筆頭株主の経営陣にカウントしている。
　　　・1 名は筆頭株主の親会社の幹部であるが，筆頭株主の幹部にカウントしている。
出所：各社の「2011 年度報告書」により作成（内訳は図表 1-6 と同様）。

職務として大株主における幹部が挙げられる。その人数は 15 名（幹部・党の幹部を同時に兼務する人数も含む）で，大株主と関係があると思われる総人数の 34.09％を占めている。監査役会主席の大株主での党の幹部は 5 名（経営陣・党の幹部を同時に兼務する人数と幹部・党の幹部を同時に兼務する人数を含む）で，大株主と関わりがあると思われる人数の 11.36％に過ぎない。

以上の考察から監査役会主席と大株主との関連性について，国有資本参加企業と非国有資本参加企業のそれぞれの特徴は以下のように纏めることができる。

① 大株主からの派遣と思われる監査役会主席の割合をみた場合，国有資本参加企業では56.90％で，非国有資本参加企業では39.64％である。つまり，国有資本参加企業は非国有資本参加企業より17.26％も多いのである。このことは国有資本参加企業の監査役会主席の方が非国有資本参加企業の監査役会主席の方より大株主からの派遣が多いことを意味している。

② 大株主からの派遣と思われる監査役会主席の大株主での職務をみた場合，国有資本参加企業においても，非国有資本参加企業においても，最も多い職務は経営陣としての職務である。その割合は基本的に大きな差があるとはいえない。一方，二番目に多い職務では所有制別による明確な違いが見受けられる。国有資本参加企業では党の幹部であり，非国有資本参加企業では大株主における幹部なのである。

5.2　所有制別による監査役と大株主との関連性

図表4-15は，国有資本参加の上場会社における監査役会主席を除いた監査役と大株主との関連性を表したものである。国有資本参加の上場会社120社の監査役（監査役会主席を除く）は370名である。そのうち，大株主と関係があると思われる人数は118名で，全体の31.89％を占めている。3割強の監査役が大株主の関りがあると思われる。関りがあると思われる大株主には，筆頭株主，第2株主，第3株主，第4株主，第5株主，第6株主，第7株主，第10株主が含まれ，かなり分散していることが分かる。その中で，筆頭株主と関りがあると思われる監査役は97名で最も多く，大株主と関りがあると思われる監査役（118名）の82.20％を占めている。しかも，筆頭株主以外の大株主関係者は2割弱に留まり，大株主と関係があると思われる監査役のうち，大多数の監査役が筆頭株主の関係者であることが明らかである。

また，国有資本参加企業の上場会社において，監査役の大株主における職務は主に，経営陣，党の幹部，経営陣・党の幹部，幹部，幹部・党の幹部である。そのうち，最も多い職務は経営陣という職務で68名（経営陣・党の幹部を同時に兼務する人数も含む）である。経営陣という職務に就いている

図表 4-15　監査役と大株主との関連性（国有資本参加企業）

(単位：名，%)

大株主	大株主における職務	人数	監査役全体に占める割合
筆頭株主	経営陣	51	13.78
	党の幹部	10	2.70
	経営陣・党の幹部	5	1.35
	幹部	26	7.03
	幹部・党の幹部	3	0.81
	一般	1	0.27
	不明	1	0.27
筆頭株主関係者		**97**	**26.22**
第2株主	経営陣	4	1.08
	幹部	5	1.35
第2株主関係者		**9**	**2.43**
第3株主	経営陣	1	0.27
	経営陣・党の幹部	1	0.27
	幹部	2	0.54
第3株主関係者		**4**	**1.08**
第4株主	経営陣	2	0.54
	幹部	1	0.27
第4株主関係者		**3**	**0.81**
第5株主	経営陣	1	0.27
第6株主	経営陣	2	0.54
第7株主	経営陣・党の幹部	1	0.27
第10株主	不明	1	0.27
大株主関係者と思われる合計人数		**118**	**31.89**
大株主と関わりがないと思われる人数		**252**	**68.11**
合計（全体）		370	100

注：1)　サンプル数は120社。
　　2)　ここで取り上げている監査役全体とは，監査役会構成員から監査役会主席を除いた監査役を指しており，独立監査役，従業員代表監査役も含まれている。総人数は370名である。
　　3)・3名は筆頭株主の親会社の経営陣であるが，筆頭株主の経営陣にカウントしている。
　　　・2名は筆頭株主の経営陣であると同時に，第2株主の幹部であるが，筆頭株主の経営にカウントしている。
　　　・1名は第3株主の経営陣であると同時に，第6株主の経営陣であるが，第3株主の経営陣でカウントしている。
出所：各社の「2011年年度報告書」により作成（内訳は図表1-7と同様）。

監査役は，大株主と関係があると思われる人数の 57.63％で半数以上を占めている。その次に多い職務は幹部という職務で 37 名（幹部・党の幹部を同時に兼務する人数を含む）である。この人数は大株主と関係があると思われる人数の 31.36％を占めている。20 名の監査役が大株主で党の幹部（経営陣・党の幹部を同時に兼務する人数と幹部・党の幹部を同時に兼務する人数を含む）という職務に就いているが，それは大株主と関係があると思われる人数の 16.95％である。

非国有資本参加の上場会社における監査役（監査役会主席を除く）と大株主との関連性は，図表 4-16 の通りである。その図表 4-16 からも分かるように，大株主と関わりがあると思われる監査役は 61 名であるが，監査役全体の 19.37％しか占めていない。8 割以上という大多数の監査役は大株主とは関わりがないのである。監査役と関わりがあると思われる大株主には筆頭株主，第 2 株主，第 4 株主，第 6 株主が含まれている。関りが最も多い大株主は筆頭株主で 56 名である。これは大株主と関りがあると思われる監査役（61 名）の 91.80％である。

また，非国有資本参加の上場会社において，大株主からの派遣と思われる監査役の大株主での職務は，経営陣，党の幹部，幹部，一般など様々である。また，出資者（個人）が出資先企業の監査役を務めていることも確認される。最も多い職務は依然として経営陣で 30 名である。これは大株主と関わりがあると思われる監査役（61 名）の 49.18％である。その次に多いのは 24 名の幹部で，大株主と関わりがあると思われる監査役の 39.34％を占める。党の幹部は極めて少なく 1 名だけである。

以上の考察から所有別による監査役と大株主との関連性，及び大株主における職務については，以下のような特徴を示すことができる。

① 大株主からの派遣と思われる監査役の割合を考察すると，国有資本参加企業では 31.89％で，そのうちの 82.20％の監査役は筆頭株主との関わりである。他方，非国有資本参加企業では 19.37％で，そのうちの 91.80％の監査役が筆頭株主との関わりである。つまり，大株主からの派遣と思われる監査役の割合を見た場合，国有資本参加企業では非国有資本参加企業より

図表 4-16　監査役と大株主との関連性（非国有資本参加企業）

(単位：名，%)

大株主	大株主における職務	人数	監査役全体に占める割合
筆頭株主	経営陣	27	8.57
	党の幹部	1	0.32
	幹部	24	7.62
	一般	4	1.27
	合計	56	17.78
第2株主	経営陣	3	0.95
第4株主	個人（出資者）	1	0.32
第6株主	個人（出資者）	1	0.32
大株主関係者と思われる合計人数		61	19.37
大株主と関係がないと思われる人数		254	80.63
合計（人数）		315	100

注：1）　サンプル数は120社。
　　2）　ここで取り上げている監査役全体とは，監査役会構成員から監査役会主席を除いた監査役を指しており，独立監査役，従業員代表監査役も含まれている。総人数は315名である。
　　3）・大株主の監査役会構成員は大株主の経営陣にカウントしている。
　　　・2名は筆頭株主の親会社の経営陣であるが，筆頭株主の経営陣にカウントしている。
　　　・2名は筆頭株主の傘下企業の経営陣であるが，筆頭株主の経営陣にカウントしている。
　　　・1名は筆頭株主の親会社の監査役であるが，筆頭株主の経営陣にカウントしている。
　　　・1名は筆頭株主の親会社の幹部であるが，筆頭株主の幹部にカウントしている。
　　　・1名は筆頭株主の親会社の一般であるが，筆頭株主の一般にカウントしている。
出所：各社の「2011年年度報告書」により作成（内訳は図表1-6と同様）。

12.52％も多いのである。また，国有資本参加企業でも，非国有資本参加企業でも，大株主からの派遣と思われる監査役の大多数は筆頭株主からの派遣であるといえる。

② 大株主からの派遣と思われる監査役の大株主での職務をみた場合，国有資本参加企業では経営陣という職務で，それは大株主と関わりがあると思われる監査役の57.63％を占めている。その次に多い職務は幹部という職務

で，大株主と関わりがあると思われる監査役の31.36％である。三番目に多い職務は党の幹部である。他方，非国有資本参加企業でも国有資本参加企業と同様に経営陣という職務が最も多く，その次に多いのが幹部である。つまり，中国の上場会社において，所有制別とは関係なく，大株主からの派遣と思われる監査役の大株主での職務で最も多いのは経営陣で，その次に多いのが幹部である。

6 企業統治と大株主の影響力
～所有制別の比較分析を踏まえて～

中国の上場会社において，国有資本参加企業と非国有資本参加企業との共通点は次のように纏めることができる。これは中国の上場会社の一般的な特徴であるともいえる。

つまり，前述した通り，所有制別とは関係なく，中国の上場会社の株式所有構造において，「単独株主での集中度」が極めて高いのである。但し，国有資本参加企業の方が非国有資本参加企業よりもその集中度が若干高いものの，両者の間の株式の所有構造の面では明らかな違いを見出すことはできない。

また，所有制別と関係なく，中国の上場会社の8割弱の代表取締役は大株主と関わりがあり，その大多数は筆頭株主との関わりである。一方，社内取締役の4割強は大株主との関わりであり，そのうち概ね8割弱の社内取締役は筆頭株主との関わりである。総じて，中国の上場会社では，国有資本参加企業だけではなく，非国有資本参加企業でも「単独株主への集中」の株式所有構造のもとで，筆頭株主から多くの代表取締役と取締役が取締役会に派遣されていることが分かる。言い換えれば，中国の上場会社において，国有資本参加企業であれ，非国有資本参加企業であれ，筆頭株主は株主であると同時に経営者でもあるという支配構造が特徴なのである。

他方，アメリカや日本の大企業の株式所有構造をみると，比較的不特定多

数の株主によって株式が高度に分散所有され，株式に基礎を置いてない専門経営者がトップの座を支配する構図になっている。株式が高度に分散所有されている株式会社では，専門経営者が企業経営の舵取りをする。このような状況では，株主と専門経営者との間に情報の不確実性と非対称性が存在する。それによりエージェンシー問題が発生するのである。このようなエージェンシー問題は，企業統治問題の原点である。つまり，企業統治論の根本的な問題は，如何に経営者に株主利益に合致した経営をさせるか，如何に経営者に会社の持続的な発展のための経営をさせるか，という問題である。株主が如何に経営者を牽制し，専門経営者との間で生じる情報の不確実性と非対称性の問題を最大限に規制するかが，エージェンシー問題を解決する1つの内容ともいえる。

その対策として，アメリカでは株式市場を利用して経営者を規律付ける方法が期待されている。株式市場のメカニズムにより，株主の意向を受けた社外取締役らによって，業績が望ましくない経営者の更迭が行われたり，株主の利益に沿った経営に転換させたりする。また，取締役会に社外取締役を取り入れたり，会計監査人としての監査法人を活用したりするなどの方法で，経営者をモニターしているのである[13]。つまり，アメリカでは，企業統治の主役を株主・株式市場に委ねているのである。

但し，前述したように，中国の上場会社の株式所有構造は，国有資本参加企業であれ，非国有資本参加企業であれ，集中的な株式所有構造である。つまり，中国の上場会社の株式所有構造の特徴は，「単独株主（筆頭株主）への集中度」が極めて高いのである。このような集中的な株式所有構造のもとで，大株主（特に筆頭株主）は多くの取締役を経営陣のメンバーとして派遣し，実質的に企業を支配している。従って，中国の上場会社では所有と支配は基本的に筆頭株主のもとにあるといえる。総じて，中国の上場会社で生じるエージェンシー問題は，不特定多数の株主によって株式が分散所有されているアメリカや日本の大企業で生じるエージェンシー問題とは性質面で根本的に異なると考えられる。中国の場合には，所有と支配は概ね一致しており，大株主（特に筆頭株主）と経営者は極めて密接な関係であり，大株主と

経営者のエージェンシー問題はかなり緩和されていると考えられる。

　上述したように，中国の上場会社において，大株主（特に筆頭株主）と経営陣との利害調整の問題はそれほど大きな問題ではないといえる。その一方，第2章でも述べたように，大株主（特に筆頭株主）は中小株主より自己利益の実現を優位に進められることが考えられる。大株主（特に筆頭株主）と中小株主の利害が一致していない状況が生じた場合，大株主による支配権の掌握は，中小株主の利益に損害を与えながら自己利益の実現が図れる土壌を与える可能性があるのである。また，中小株主は情報の不確実性と非対称性によって，企業経営を効果的にモニターすることが難しいことも大きな問題である。このように，企業に支配権を持っている大株主が存在している場合，大株主が支配権を濫用して中小株主に損害の与えながら，不当な利益を獲得する環境が理論的にも整っているのである。つまり，中国の上場会社では，アメリカや日本と異なる別次元のエージェンシー問題が生じるのである。具体的にいえば，支配権を持っている大株主と中小株主（債権者等を含む）の間で発生する問題である[14]。中国の企業統治の力点は如何に中小株主（債権者等を含む）の利益を保護するかに置かれていると言っても過言ではない。このような問題を解決するために，つまり，中小株主（債権者等を含む）の利益を保護するために，上述したように中国では制度面で独立取締役制度の導入が義務づけられているのである。

　他方，企業統治構造における国有資本参加企業と非国有資本参加企業の相違点も明らかになった。その相違点の1つとして，前述したように，代表取締役，取締役による総経理，または副総経理の兼務状況で，その割合は非国有資本参加企業の方が国有資本参加企業より圧倒的に多いことが挙げられる。さらに，大株主（主に筆頭株主）からの派遣と思われる取締役が総経理，副総経理を兼務する割合を見ても，非国有資本参加企業の方が国有資本参加企業よりも高いことが観察された。つまり，非国有資本参加企業は国有資本参加企業より多くの取締役が総経理，または副総経理を兼務することで，企業の日常のコントロールを掌握しているといえる。言い換えれば，非国有資本参加企業は国有資本参加企業より業務執行の監督者と業務執行者が

同じ人物である割合が高く，経営者の裁量権も大きいと考えられるのである。もともと会社経営の最重要機関としての取締役会は，経営の意思決定と業務執行の監督というそれぞれの権限を有している。意思決定と業務執行という役割を分担（取締役と業務執行者を分離する）し，取締役には明確な経営チェック機能を持たせることが，企業統治では重要であると思われる。何故なら，業務執行を行うものが同時に業務執行を監督するという構図になった場合，業務執行の監督の権限がほとんど機能しないという恐れがあるからである。

次に2つ目の相違点としては，監査役会に対する大株主の関与である。既に述べているように，大株主からの派遣と思われる監査役を所有別にみた場合，国有資本参加企業は非国有資本参加企業よりも10%以上高いことが明らかである。

前述したように，上場会社における国有資本参加企業，及び非国有資本参加企業の取締役の多くは大株主（特に筆頭株主）からの派遣と思われる。また，派遣と思われる取締役の大多数は派遣元である大株主で経営陣という職務を兼務するなど，大株主の経営陣の一員でもある。つまり，これらの取締役は基本的に経営者としての資質を十分備えていると考えられる。但し，取締役が大株主（特に筆頭株主）から派遣されたとしても，その取締役が必ずしも派遣元である大株主の利益のための経営を行うという保証はない。場合によっては，これらの取締役が自己利益のために，或いは自分自身の欲求を満たすために，会社の資源を無駄に使ったり，非効率的に使ったりする可能性も考えられる。つまり，派遣元の大株主の利益に対し，侵害を与えることも十分に考えられるのである。従って，何らかの抑制システムを構築し，これらの取締役を牽制したり，監督・監視したりする必要が求められるのである。

中国の上場会社では，大株主から監査役を派遣することを通して，「エージェンシーコスト」を最小限に抑えることを図り，大株主の利益の保護を図ろうとしていることが浮かび上がっている。このような傾向は国有資本参加企業の方が非国有資本参加企業より強いことが分かる。企業統治のメカニズ

ムの側面から考察すると，国有資本参加企業は非国有資本参加企業より，大株主の利益の保護を重視しており，そのメカニズムの構築が既に整っているともいえる。何故なら，国有資本参加企業は非国有資本参加企業より意思決定機能と業務執行機能の分離が進んでおり，大株主からの派遣と思われる監査役も多いからである。逆に，大株主の利益の保護に力点を置いている国有資本参加企業の企業統治では，中小株主の利益が損害を受ける可能性が高くなる恐れもあるのである。

7 おわりに

　本章では，中国の上場会社の特徴として，まず集中的な株式所有構造であること，次に取締役会の多くの構成員は大株主（特に筆頭株主）から派遣されていることを上場会社の「年度報告書」のデータを用いて，所有制別の側面から再確認することができた。このような特徴は国有資本参加企業だけではなく，非国有資本参加企業でも見られるものである。このような状況では，大株主と経営者の利害が概ね一致する意思決定が行われる傾向が高くなると考えられる。言い換えれば，株主と経営者との「エージェンシー問題」はかなり緩和されると考えられる一方，大株主と中小株主との間には情報の不確実性と非対称性が生まれ，大株主による中小株主の利害の侵害が起こる可能性が高くなると考えられる。つまり，大株主と中小株主（債権者を含む）との間に存在する別次元の「エージェンシー問題」が発生するのである。

　また，中国の上場会社における国有資本参加企業と非国有資本参加企業それぞれの取締役会に対する大株主の影響力は基本的にほぼ同じであると考えられるものの，経営者の裁量権，及び監査役会に対する大株主の影響力には異なる傾向が観察されたことも重要である。さらに，国有資本参加企業は非国有資本参加企業よりも経営監督と業務執行の分離が進んでおり，監査役会に対しても大株主の影響力を強め，取締役会に対する影響力を強化している

こ␣とも確認された。非国有資本参加企業は実質的な意思決定者とそれを執行する業務執行者が同一人物のケースが多く，大株主利益が毀損される可能性も高くなると考えられる。但し，このような結果はあくまでも，240社の上場会社の「年度報告書」から導き出されたものであり，今後さらにその他のデータを用いて，詳細に実証分析を行う必要があろう。

注
1 国有資本，民間資本が両立している企業は混合所有制企業とも呼ばれている。つまり，混合所有制企業とは，国有株と非国有株が同時に存在している企業である。しかし，その持株比率などには厳密な定義がなく，あいまいなところが多い。混乱を避けるために，ここでは混合所有制企業という表現を避けたい。
2 ここで取り上げている国有資本参加企業は，厳密に言えば上位10の大株主に国有株が存在する会社を指す。
3 張文魁（2010）『中国混合所有制企業的興起及其公司治理研究』経済科学出版社，76-79頁を参照されたい。
4 民営企業は依然として政府資金の獲得，重大なプロジェクトへの入札，銀行からの貸付金の獲得等の面で，国有企業に比べ不利な立場に置かれているという指摘が多い。つまり，民営企業は国有企業と同様な待遇を受けていない状況が続いているとも言える。また，経営環境のリスクに関して，国有企業は政府の協力，サポートを得るのに対し，民営企業は国有企業と同様な国民待遇を受けているとはいえない。張文魁（2010），74-75頁を参照。
5 第15期四中全会の決定に基づくと，国有資本参加企業の主な産業は次のような3つのパターンと考えられる。①国家の安全に関わる産業，自然独占の産業，重要な公共財とサービスを提供する産業，②戦略的新興産業，③鉄鋼，エネルギー，設備など市場競争のある重要な基礎産業。陳小洪（2011）「国有企業改革の推進に関する重点分野」『中国資本市場研究』18頁。
6 2696社の改制企業（国有企業から株式制企業に転換した企業）に対しアンケート調査を行った（有効サンプル数は950社である）。そのうち，筆頭株主が依然として国有株の企業が652社で，有効サンプル数の68.6%を占めている。張文魁（2010），113頁。
7 「上海証券取引所連合研究計画」によれば，集中的所有構造の企業では筆頭株主が往々にして企業の経営活動に直接関与していると指摘している。経営活動への直接関与というのは取締役会への直接関与のことで，それを実現するのは，取締役を取締役会への派遣である。金山権（2008）『中国企業統治論―集中的所有との関連を中心に―』学文社，145-146頁。
8 川井（2003）は，中国の上場企業における企業統治の支配パターンの1つとして「大株主支配モデル」（big shareholder control model）を指摘している。川井（2003）は，中国企業における支配類型を大株主支配モデル，内部者支配モデル，経営者支配モデルまたはキーパーソン支配モデルの3つに整理している。また，経営者支配モデルまたはキーパーソン支配モデルは内部者支配モデルのサブモデルであるという考えを示している。川井伸一（2003）『中国上場企業―内部者支配のガバナンス』創土社，6-8頁。
9 「株式所有集中度」に関する研究は盛んに行われている。J. Franks等（1996）は，ヨーロッパの多くの国々，例えばフランス，ドイツ，イタリア，スウェーデンの大企業の株式所有集中度が極めて高いことを明らかにした。特に，イタリアの大部分の上場会社の50%以上の株式は1つの大株主に集中され，企業統治における中小株主の地位は極めて弱いことを指摘している。Franks. J., Mayer, C. and Renneboog, L. (1996), "The Role Large Sharestakes in Poorly

Performed Companies", Mimeo, *London Business School*, 1996. また, M. Faccio と L. Lang (2002) は, 株式集中度に関して, 西ヨーロッパ13 ヵ国の上場会社5232 社をサンプリングし, 分析を行った. その結果, 株式が分散している企業は37％で, 54％の企業は株式が集中し, 大株主が1 つのみであった. この大株主は企業に対し, 極めて高い支配権を行使した. また, 全サンプルの44％は同族企業であった. Faccio, M., Lang, L. (2002), "The Ultimate Ownership of Western European Corporations", *Journal of Financial Economics*, 65, 2002. pp.365-395, 以上は, 张文魁 (2010) 21-22 頁をも参照.

10　株式所有集中度が高いことは, 企業統治に有利であるという見解がある. 吉村 (2012) は, フォードがGM やクライスラーのように経営破綻に至らなかった理由の1 つとして, フォード家が株式を集中的に保有し, 経営者も派遣することによって, 会社の長期的な開発・設備投資などの経営活動が実現できたと指摘している. 吉村典久 (2012)『会社を支配するのは誰か　日本の企業統治』講談社, 166-167 頁.

11　McConnell, J. and Servaes, H. (1990), "Additional Evidence on Equity Ownership and Corporate Value", *Journal of Financial Economics*, 27, 1990. pp.595-612. 张文魁 (2010)『中国混合所有制企业的兴起及其公司治理研究』经济科学出版社, 22 頁.

12　Holderness, C. and Sheehan, D. (1988), "The Role of Majority Shareholders in Publicly Held Corporations", *Journal of Financial Economics*, 20, pp.317-346, 1998. 张文魁 (2010)『中国混合所有制企业的兴起及其公司治理研究』经济科学出版社, 22 頁.

13　花崎正晴 (2014)『コーポレート・ガバナンス』岩波書店, 20 頁, 35-36 頁.

14　花崎 (2014) は, 家族支配型企業において, 特定の一族に株式が集中所有され, 経営を支配することで, 株主と経営者とのエージェンシー問題はかなり緩和される, と指摘している. その一方で, 支配株主とその他の株主や債権者との別次元の深刻なエージェンシー問題が存在する, と指摘している. 花崎正晴 (2014)『コーポレート・ガバナンス』岩波書店, 114-116 頁を参照されたい.

第 5 章
上場会社における取締役, 監査役の報酬・インセンティブ

1 はじめに

　既に繰り返し述べたように，中国の上場会社の特徴の1つとして「一株独大」が挙げられる。つまり，1つの会社の株式所有構造において，筆頭株主の持株割合が極めて高く，それに伴って支配株主が存在していることである。そして，その支配株主から多くの取締役と監査役が派遣されている。従って，中国の株式会社では所有と支配が完全に分離されているとはいえない状況なのである。このような状況では，上場会社で一般的に指摘されている所有者と経営者との間で生じる委託―代理問題がかなり緩和されていると考えられる。

　但し，大株主からの派遣と思われる取締役，または監査役にしても，必ずしも派遣母体である大株主の利益最大化のための経営を行うという保証はないことが考えられる。派遣された取締役，または監査役は様々な機会を活かして，大株主の利害よりも個人の社会的名誉，個人利益などの自己利害を追求するための経営を行うことも否定できない。そのために，大株主は何らかの手段を用いて派遣された取締役，監査役を牽制しなければならない。その手段の1つとして有効と思われるのが報酬・インセンティブである。このような背景のもとで，中国の上場会社における報酬・インセンティブと大株主との関連性を解明することは中国の上場会社の支配構造を理解する上での第一歩といえる。

　本章では，中国の上場会社における報酬・インセンティブシステムに焦点

を当てて，報酬・インセンティブと大株主との関連性を解明する[1]。まず，上場会社における「大株主支配モデル」について考察を行う。次に，上場会社の報酬・インセンティブを制度の側面から考察し，その特徴を明らかにする。その上で，上場会社200社を取り上げ，各社の2011年の「年度報告書」のデータに基づいて，社内取締役と監査役の報酬に関する実態分析を行う。これらを踏まえて，大株主と報酬・インセンティブとの関連性の解明を進めていきたい。

2 中国の上場会社と「大株主支配モデル」

　株式会社の規模の拡大につれて，企業所有者たる株主は企業経営を専門経営者に委託し，専門経営者は株主の代理人として企業経営を行う。しかし，所有権と経営権の分離に伴い，情報の非対称性が生じ，所有者である株主と代理人である経営者との利害の対立，目標の不一致という問題が発生する。つまり，モニタリングとエージェンシーという問題が生じるのである。株主は経営者の行動をモニタリングするためのコストが必要となり，しかもモニタリングして得られる便益はそのコストを上回るという保証もない。

　JensenとMeckling (1976) が指摘したように，株主とその代理人である経営者との間には代理コストが発生する。経営者による自己利益の追求，及び経営者のモラル・ハザードによる在職期間における過大な浪費等の非生産的支出の増大，極度に高いリスクの回避志向による機会費用の発生，不必要なプロジェクト投資などが株主利益への軽視ないしは侵害をもたらすのである。この代理コストを低減する有効な方法として，監督・牽制メカニズムと経営陣に対する報酬・インセンティブメカニズムが挙げられるのである。

　例えば，株主と経営者の利害の対立内容の1つとして，所有者である株主は投下した資本に対して長期の収益最大化を追求するのに対し，代理人である経営者は任期期間中においての短期の収益最大化を追求することである。従って，株式会社はどのように経営者にインセンティブを与えて，経営者の

利益と株主の利益を一致させるか，また株主の利益最大化を実現するかという課題に直面するのである。

中国の多くの上場会社において，「大株主支配モデル」（Big Shareholder Control Model）が生じることは既に確認された通りである。「大株主支配モデル」では，上場会社に支配的大株主が存在し，その支配的大株主が株主総会をコントロールし，意思決定機関である取締役会，監督機関である監査役会に自らの意をくんだ人員を派遣するということである。そして，その取締役会で経営陣を選出することで，経営陣も支配的大株主によってコントロールされることになる。総じて，中国の上場会社では取締役も監査役も経営陣も直接的に，または間接的に大株主によってコントロールされており，大株主の利益を代弁する構図になっているのである。このような「人的コントロール」を通じて，支配的大株主は上場会社の経営活動に強い影響力を発揮することができると理論的に考えられる。つまり，中国の大多数の上場会社では「所有と経営」が完全に分離された状態とは言えないのである。

川井（2003）は中国の大多数の上場会社は従来の国有企業を株式制企業に転換して上場したものであることを指摘した上で，中国の大多数の株式会社において，その支配構造は大株主支配であると同時に内部者支配であると捉えている。即ち，1つの上場会社に，大株主支配と内部者支配が一体化され，重合していると分析しているのである。川井はその理由として次の2つを挙げている[2]。1つは，大多数の上場会社の支配株主である国有親会社は，上場会社の所有権を支配していると同時に，多くの経営陣を派遣して，その経営に強い影響力を行使している。従って，「大株主支配」と捉えられる。もう1つは，上場会社と親会社との間に特別な関係が存在していることである。その特別な関係として特殊な利害関係と密接な取引関係が挙げられる。上場会社の取引関係，利益配分及び投資などの重要な意思決定は親会社の強い影響力を受けている。このような親会社は上場会社の内部者と捉えることができ，親会社から派遣されている経営陣も内部者といえるものである。従って，それは「内部者支配」と考えられる。つまり，国有親会社は大株主であると同時に上場会社の経営者であるということである。確かに，中国の

上場会社においては，大株主による株式の集中的所有構造が普遍的に存在し，その株式所有構造をみると，筆頭株主による持株比率が極めて高いことが確認される。つまり，筆頭株主が上場会社の所有権を支配しているともいえるのである。また，筆頭株主から多くの取締役と監査役が派遣されていることも明らかになっている。その筆頭株主は必ずしも国有親会社とはいえないものの，筆頭株主が大きな影響力をもっていることだけは想定できる。

但し，注意すべき点は，派遣されているいわゆる内部者である取締役，監査役が果たして派遣母体である大株主利益の最大化のための経営活動を行うかどうかである。つまり，必ずしも大株主の利益の最大化のための経営活動を行うとは約束されていないのである。場合によっては，派遣された取締役，監査役は大株主の利害よりも個人の社会的名声の方を重視したり，個人の私的利益を優先したり，または会社の長期的発展よりも短期的利益を追求したり，することが十分考えられるのである。つまり，派遣された取締役，監査役と大株主との利害の対立問題が想定されるのである。このような利害の対立問題によって，派遣された取締役による企業経営における意思決定が，派遣母体である大株主の効用最大化との乖離をもたらすと考えられる。一方，大株主は情報の非対称性とさらに限定された合理性により，自ら派遣した取締役，監査役を十分にモニタリングし，コントロールすることができないことも想定される。つまり，いわゆる真の「内部者支配」[3]（Insider Control）現象が生じる可能性が存在しているのである。

株主の利益最大化の経営を行うことの前提として，株主によるガバナンスが十分に機能しているかどうかがある。真の「内部者支配」現象を最小限に抑制し，派遣された取締役，監査役が派遣母体である大株主の利益のために最大限努力させるためには，何らかの手段を用いて彼らをさらに牽制するなど大株主による十分なガバナンスが行われることが求められる。その手段の1つとして，上述した大株主が経営者を含む取締役・監査役への報酬・インセンティブを掌握することが挙げられる。派遣された取締役による「内部者支配」の現象を防ぎ，派遣された取締役，監査役が大株主の利益のための経営活動を行わせるためには，彼らに対する報酬・インセンティブを大株主が

掌握することで,彼らに対する牽制が期待できるのである。

但し,経営陣(ここでいう経営陣には,取締役を含む)に対する報酬の設計プロセスとして,次の3つの問題が極めて重要である[4]。① 報酬構成,報酬構造変化が経営者の行動に与える影響,② 報酬額と経営者の積極性との関係,及び最も合理的だと思われる報酬構造の構築,③ 経営者の報酬とどのような業績指標とを関連させるか,である。つまり,経営者に対する有効なインセンティブの報酬制度を構築するためには,報酬設計に対する経営陣の影響力を完全に排除した合理的な業績評価指標の構築と経営陣の努力で達成した業績評価指標を如何に正確に評価し,如何に適する報酬を与えるかが必要かつ重要である。

一方,米沢・小西・芹田(2004)の研究では,株主によるガバナンスの効果が十分ではない場合には,経営者の持株比率を増加させることで,株価を高めることができると指摘している[5]。つまり,経営陣に対して株権によるインセンティブという長期型インセンティブ報酬制度の導入を示唆しているのである。株権によるインセンティブ(中国語:股権激励)は,経営陣が株式による報酬の長期収益を享受すると同時に,経営陣の経営行動と利益の長期化を実現することが可能であるはずである。株権によるインセンティブは資本提供者である株主が人的資源を提供する経営者に対する信頼になるともいえる。株主と経営者との信頼関係を構築することは,企業の健全な発展を図る上で,極めて重要なことでもある。さらに,株権によるインセンティブにより経営者は「所有者＝経営者」の二重の役割を持つことになり,株主の立場で意思決定を行うことで,モニタリング費用の軽減,情報の非対称性問題の解決,等々が考えられる。上述したように,株権によるインセンティブは経営者報酬と株主利益との連動性を強化する報酬システムでもあると考えられる。経営陣に対して株主利益と連動したインセンティブを与えること,つまり株権によるインセンティブを与えることは,会社の資産収益率,株式収益率,企業業績の上昇をもたらすなど,企業業績にプラス効果があることは多くの研究で明らかになっている[6]。特に,株権によるインセンティブにはアラインメント効果(Alignment effect)があり,これにより,経営者と

株主の利益の一致をもたらし，委託—代理問題を有効的に解決するなど企業統治にも積極的な役割を果たすものである[7]。

株権によるインセンティブは企業業績，企業統治に積極的な効果を果たしていることは既に述べた通りである[8]。但し，株権によるインセンティブの役割を十分に発揮させる前提条件として，有効な企業統治内部構造の構築が必要である。2008年の金融危機では，アメリカ企業において業績と無関係に経営者に対し高い報酬が支払われていること，経営者が自らの報酬額に大きな影響を与えていることなどストック・オプションによる様々な問題点が明らかになった。これらのことからも，ストック・オプション制度が必ずしも企業統治にプラスの効果を果たすシステムではないことが証明されたのである[9]。従って，有効な企業統治内部構造として，株権によるインセンティブを含む報酬制度を如何に設計するかが極めて重要である。経営者の報酬は株主と経営者との委託—代理問題を解決するかぎともいわれることから，報酬制度の設計が適切であれば，委託—代理コストを有効に低減すると同時に，企業価値を高め，株主利益の拡大を図れるものである。他方，有効な企業統治内部構造の基礎がなければ，つまり，報酬制度の設計が不適切であれば，株権によるインセンティブを含む報酬制度は意思決定者である一部の経営者に私欲をもたらす手段になりかねない。特に，経営者に会社の支配権が集中されている場合，経営者は自身の報酬制度の設計に影響を与える，さらには主導することが可能になり，経営陣に有利な報酬制度を作り上げることを招く恐れもある[10]。

3　中国企業における経営者報酬制度

中国企業における経営者の報酬は中国の社会制度，法律体制によって，長い間インセンティブという要素が軽視されたものであった。「改革・開放」以降，ようやく経営者の報酬制度にインセンティブという要素を取り入れるようになったのである。

中国企業における経営者報酬制度の変遷に関しては，主に以下のように3つの段階に分けることができる。

1つ目は，「改革・開放」以前の経営者の報酬制度で，この時期の経営者の報酬制度は主に月給制であった。月給制にはインセンティブという要素が基本的に含まれていない。つまり，この時期の経営者の報酬は会社の業績とは殆ど無関係であったといえるだろう。そのため，経営者は会社の利益最大化を図るために積極的にリスクに挑戦しようとする「攻めの経営」よりも在任期間中を無難に過ごそうとする「守りの経営」を好む傾向が多かったともいえる。

2つ目は，上述した問題を解決し，企業業績・企業価値の向上を図り，経営者による「攻めの経営」を引き出すために，「改革・開放」以降から1990年代後半までで，月給に賞与を組み合わせた報酬制度がとられたのである。賞与という形で，経営者にインセンティブを与えるのが目的であった。しかし，賞与は基本的には当期業績に基づいた短期的なインセンティブである。そこで，企業の長期的な発展と経営者の報酬を結びつくような報酬インセンティブ制度の設計が必要になったのである。

3つ目は，1990年代後半から現在までの改善である。この時期の経営者の報酬制度としては年俸制が実施されながら，株式と関わるインセンティブが積極的に取り入れられたことが大きな特徴である。その方法として，経営者持株制度，ストック・オプション制度，株式ベース報酬制度などが挙げられる。報酬制度に長期的なインセンティブ要素を取り入れることで，経営者の行動と企業の長期発展目標の一致を図ることがねらいであった。

中国において，株権によるインセンティブ制度は，上述したように1990年代後半から実施され，既に20年以上が経過している。上場会社における経営者に対する株権によるインセンティブの実施は，1999年5月で武漢の上場会社3社が始まりであったといわれている。その後，経営者に対して株権によるインセンティブを実施する上場会社は次第に増加し，2001年12月31日までに34社に達した[11]。しかし，当時，中国の上場会社で実施された株権によるインセンティブはアメリカや日本の企業で実施されている株権に

よるインセンティブとは本質的に異なって、経営者の持株はその任期内での譲渡が制限されている株式（中国語：限售股）であり、株式流通市場では自由に流通させることはできないという特徴があった。

真の株権によるインセンティブの実施は、2005年から本格的に行われた上場会社の股権分置改革以降で、『上場会社における株権によるインセンティブに関する管理規則（試行）』（2006年1月1日施行）と『国有持株上場会社における株権によるインセンティブに関する試行実施規則（国内）』（2006年9月30日公布）の公布からである。

ちなみに、中国企業（売上高等10億ドル以上の企業）のCEOの報酬体系（2012年）をみると、基本報酬が53％、賞与が27％、長期インセンティブが20％である。日本の場合、その割合はそれぞれ69％、20％、10％である[12]。つまり、報酬体系における長期インセンティブの割合は中国の方が日本の2倍の高さを占めているのである。

株権による長期インセンティブは、つまり経営者報酬の性格を表す重要な特徴ともいえる。中国企業の特殊性は、経営陣に対するインセンティブメカニズムの特殊性をもたらし、中国の上場会社では「中国式の株式と関わるインセンティブ」制度が模索され、定着しつつあるのである。

ここでは、中国の上場会社において、株式と関わるインセンティブ方式のうち、一般的によく使われていると思われる6つの方式について取り上げる[13]。

① 経営者持株制度

経営者持株制度とは、定められた期間内に、会社の経営者に一定数量の自社株式を強制的に持たせる制度である。それによって、経営者でありながら出資者の身分を経営者に与えることができ、経営者が出資者の一員として企業経営を行うことが期待できる。経営者に持たせる株式の数量については、取締役会或は報酬・考課委員会で決定し、その株式の任期内での譲渡は禁止され、任期内の収益としては配当のみである。

② ストック・オプション（中国語：股票期権）

経営者に定められた期間中に、事前に約定した価格と数量で会社の株式を

購入する権利を付与する経営者報酬制度である。権利を行使する際の株価が付与時点の株価より上昇した場合，その上昇額が経営者の報酬となる。逆に，付与時点の株価より下がった場合には，その権利を放棄することも可能である。ストック・オプションのインセンティブとしての大きな特徴は，株価が上昇すればするほど経営者の収入が多くなり，株価が下がったとしても経営者の損失はないということである。

③　譲渡制限株（中国語：限制性股票）

特定の目標を実現するために，経営者に無償或は極めて安い値段で株式を付与する仕組みである。但し，付与した株式には譲渡制限があり，定められた一定期間後はじめて，その株式を段階的に譲渡することができる仕組みである。

④　パフォーマンス・シェア（中国語：业绩股票）

パフォーマンス・シェアは，中国の上場会社と非上場会社でよく使われるインセンティブ方式である。このパフォーマンス・シェアとは経営者が会社によって予め定められた業績目標を達成したかどうかに基づいて株式を付与する仕組みである。つまり，パフォーマンス・シェアとは，合理的な年度業績目標を確定し，その業績目標が達成された場合，一定期間後または任期満了後に会社の奨励基金で予め約定した数量の会社の株式を経営者が購入することができるというインセンティブ方式である。但し，その譲渡には時間と数量の制限が設けられている。この方式を用いた会社には，上場会社の泰達株式会社，東阿阿胶株式会社，電広伝媒株式会社などがある。

⑤　擬似株式インセンティブ（中国語：虚拟股票）

擬似株式インセンティブとは，経営者に支給するインセンティブ報酬を，事前に約定した一定数量の株式による配当金とさらにその株価評価益分を支払う株価連動型報酬制度である。経営者に与える株式は実際の株式ではなく，架空の株式で，株式による所有権と議決権は与えられていない。また，譲渡することもできず，離職した場合にはその権利は喪失される。経営者に付与するのは株価が上昇した分（評価益分）と配当金のみである。上場会社の上海貝嶺がこの方式を採用した。

⑥　株式価値増加権利（中国語：股票増値権）

株式価値増加権利とは，経営者に与えるのは株式ではなく，定められた期間内に会社の株価が上昇した場合，株価が上昇した収益分を現金報酬という形で経営者が受け取る権利のことである。その収益分とは，経営者に付与した株式購入権の権利行使価格と権利行使日の株式の時価の差額である。海外での上場会社は基本的にこのインセンティブ報酬制度を採用している。中国交通銀行（H株発行）はその典型的な例である。但し，企業を取り巻く諸環境により，株価と企業業績は必ず一致するとはいえない。株価の上昇だけで経営者に報酬を与えることは奨励の不公平をもたらす危険性もあるものである。

上述の株式に関わる6つのインセンティブ方式のうち，ストック・オプションと譲渡制限株の2つについては，『上場会社における株権によるインセンティブに関する管理規則（試行）』｛中国語：上市公司股権激励管理弁法（試行），2006年1月1日より施行｝で株権によるインセンティブ方式として明確に定めているものの，その他のインセンティブ方式に関しては，特に明確に定められているものではない。これらの6つのインセンティブ方式は，いずれも株式と連動した経営者に対するインセンティブ方式であるが，企業統治に与える影響は大きく異なると考えられる。特に，業績目標と関連するインセンティブ方式では，経営者が自分で自分を評価するなどの弊害を防ぐためにもそのインセンティブの方案の設計，実施が独立した機関で行うことが求められている。つまり，業績目標の設定とその評価問題はインセンティブとしての目的を実現できるかどうかを左右する本質的な課題である。また，株式価値増加権利というインセンティブ方式も十分なものとはいえない。この株式価値増加権利は会社の純資産を基準として採用する場合もあるが，純資産価値増加の方法は様々な方法があり，必ずしも会社の業績と関連しているとは言えないものである。

一方，株式と関わるインセンティブは，経営者の努力による会社の業績と株式市場における株価の価格変動の正の相関の確実性が前提条件である。しかし，中国においては資本市場，市場メカニズム，法律法規がまだまだ不健

全であり，投資家の心理状態も決して熟練したものとはいえない。つまり，株式市場の株価が会社の業績を必ずしも十分に反映しているとは言えない状況なのである。場合によっては，株価と会社の経営状況とが相反することもありうる。つまり，株式市場における価格変動の正の相関の不確実性のもとでは，会社の株式の真の価値と株価の不一致をもたらすこともあるのである。従って，中国の株式市場の現状では，株式と関わるインセンティブの方式は必ずしも合理的なものとは言えず，企業統治にどこまでプラスの影響を与えているかについては多くの疑問点があるのも事実である。

4　中国の上場会社の報酬・インセンティブに関する制度的特徴

4.1　報酬に関する制度的特徴

中国の上場会社における経営陣の報酬に関しては主に『公司法』，『上場会社企業統治準則』で定められている。

『公司法』では，株式会社における取締役と監査役の報酬事項は株主総会の決議事項であると定めている。但し，ここでいう取締役と監査役はあくまでも非従業員の取締役と監査役である[14]。つまり，従業員代表である従業員代表取締役，従業員代表監査役の報酬に関する決定事項は株主総会の決議事項ではないのである。取締役と監査役の報酬に関しては株主総会の決定事項であるものの，総経理（日本の社長に当たる），副総経理（日本の副社長に当たる），および財務責任者などの高級管理職（員）｜高級管理職（員）とは，会社の総経理，副総経理，上場会社の取締役会秘書と会社の定款に定められたその他の者を指す。｜の報酬事項に関する決定は取締役会の決議事項なのである[15]。

また，株式会社は，株主に対して定期的に取締役，監査役と高級管理職（員）の報酬状況の開示が義務付けられている[16]。このような義務を定めることで，株式会社に対する株主による監督の強化を図り，株主の監督に便宜を与えようとするねらいが制度面からも伺える。

上述したように，中国の株式会社における取締役，監査役の報酬に関する事項決定は株主総会の決議事項であるが，その報酬事項はどのようなプロセスを経て設計，提案され，最終的に株主総会に決定されているのであろうか。次に，この報酬決定プロセスを法規制という側面から考察したい。上場会社の取締役に関する報酬金額は次のようなプロセスで行われる。まず，取締役に対する業績評価を行う。業績評価に関しては，取締役会，またはその傘下にある報酬と考課委員会が責任を持って個々の取締役に対して業績評価を行う。業績評価を行う際には，当該取締役が席を外すことが求められている。その後，その業績評価に基づいて取締役会が方案を提出する。最後に，株主総会で報告して決定される。取締役会は取締役の職責の履行状況，業績評価の結果，及び報酬状況を株主総会に報告し，公開しなければならないのである[17]。

　以上のように，取締役の報酬についての法規制から，中国の上場会社において，取締役会が取締役の業績評価，及び報酬に関する方案を提出するなど，取締役の報酬設計に直接的に深く関与していることが分かる。業績評価に関しては，独立取締役が多数を占める報酬と考課委員会が行うことも考えられるが，報酬と考課委員会はあくまでも取締役会の下部組織で，取締役会の助言機関に過ぎず，決定権は有していない。従って，中国の上場会社において，実質的に取締役会が取締役の報酬事項に関する決定権を握っているのである。このような状況では，取締役の報酬は当該取締役の意思を受けやすく，客観性と公正性が欠けている恐れは十分にある。

　他方，上場会社における経理人員（ここでいう経理人員とは，総経理，副総経理を指す。）の報酬事項は取締役会の決定事項である。取締役会，またはその傘下にある報酬と考課委員会は責任を持って経理人員の業績評価を行う。特に，経理人員の報酬は会社業績と個人業績に連結するインセンティブを構築することが求められ，その業績評価を報酬の根拠にすることが強調されている。また，取締役と同様に経理人員の報酬分配も株主総会で説明し，公開することを義務化している[18]。独立取締役と監査役の報酬に関しては，自己評価と相互評価を結合する方法を取っている。また，監査役会は監査役

の職責の履行状況，業績評価の結果，および報酬状況を株主総会に報告し，公開しなければならないと規定している[19]。

4.2 株権によるインセンティブに関する制度的特徴

中国の上場会社において，株権によるインセンティブに関して詳細に定めているものとして主に次の2つが挙げられる。1つは『上場会社における株権によるインセンティブに関する管理規則（試行）』（中国語：上市公司股権激励管理弁法（試行），2006年1月1日より施行）であり，もう1つは『国有持株上場会社（国内）における株権によるインセンティブに関する試行実施規則（国内）』（中国語：国有控股上市公司（境内）実施股権激励試行弁法，2006年9月30日より施行）である。

上場会社の株権によるインセンティブの方法として譲渡制限株（中国語：限制性股票），ストック・オプション（中国語：股票期権），及び法律・行政法規が認めるその他の方法がある。そのうち，譲渡制限株とストック・オプションに関しては，以下のように定められている。

譲渡制限株とは，インセンティブの対象者が株権によるインセンティブの計画規定の条件に基づいて，上場会社から取得する一定数の会社の株式である。但し，上場会社は譲渡制限株として株式を付与する際には，インセンティブの対象者に株式を取得する業績条件，売却禁止期間を規定する必要がある[20]。インセンティブの対象者は在職年限，或いは業績目標が株権によるインセンティブ計画の規定条件を満たした場合にのみ，譲渡制限株を売却することが可能になり，そこから利益を獲得する。

ストック・オプションとは，上場会社がインセンティブの対象者に対し，あらかじめ定められた期間内に定められた価格と条件で，会社の株式を購入できる権利を与えることである。但し，その権利行使期間は10年を超えてはならない。インセンティブの対象者は決められた期間内にあらかじめ確定した価格と条件で，上場会社の一定数の株式を購入することもできるし，当該権利を放棄することもできるなど，権利を行使するか否かはインセンティブの対象者の自由裁量によるものとなっている[21]。

株権によるインセンティブ計画を実施予定の上場会社は，その付与株式の解決方法として，新株引受権としてインセンティブの対象者に株式を発行する方法，自社株買い戻し方法，法律・行政法規が認めるその他の方法，などがある[22]。但し，株権によるインセンティブ計画に関連する目標の有効な株式累計総数は発行済み株式総数の10%以内である。また，株主総会特別決議の許可を経ていないインセンティブの対象者が，株権によるインセンティブ計画を通じて取得可能な株式累計総数は会社の株式総数の1%を超えることもできないのである[23]。

株権によるインセンティブの実施対象者は，取締役，監査役，高級管理職（員），中心的な役割を果たすと思われる技術職（員），及び会社がインセンティブを与える必要があると思われるその他の従業員，である[24]。つまり，中国の上場会社において，株権によるインセンティブの実施対象者は経営陣だけではなく，経営陣以外にも技術職（員），その他従業員も含まれるなど，実施対象者の範囲はかなり広いことが分かる。

このように経営陣等に株権によるインセンティブを実施する目的は，株主の長期的利益と経営陣等の利益を一致させることで，会社の持続的な発展と株主利益重視の経営を図り，それによって代理コストを低減することにほかならない。

次に，株権によるインセンティブ計画を実施する際に，最も重要と思われるのが業績評価考課システムである。上場会社は合理的な業績評価システムと考課方法を構築することが強く求められている[25]。

中国の上場会社においては，取締役会の傘下にある報酬と考課委員会において株権によるインセンティブ計画草案を制定する。制定された計画草案は取締役会に提出され，取締役会の審議を経る。次に，監査役会がインセンティブの対象者名簿を確認し，そこで確認された状況を株主総会で説明する[26]。さらに，株権によるインセンティブに関しては，独立取締役の積極的な関与が求められている。独立取締役は上場会社の持続的な発展に対して有利かどうか，上場会社及び株主全体の利益に明らかな損害を与えていないかどうか，という2つの側面から，株権によるインセンティブに関する独立意

見の発言が求められているのである[27]。

　株権によるインセンティブの設計と実施を行う機関を経営陣から独立させることは極めて重要である。何故ならば，株権によるインセンティブの設計，実施を行う機関が経営陣によって支配されたり，経営陣の影響を受けたりすることになると経営者は容易に自分の私欲を満たすという恐れがあるからである。つまり，本来のインセンティブという役割を失うことに繋がるからである。

　上場会社の経営陣に対するインセンティブについて法規制の側面からみた場合，上述したように報酬と考課委員会が株権によるインセンティブの計画草案を策定し，株権によるインセンティブが適正に行われているかどうかについては独立取締役による独立した意見が述べられる仕組みである。つまり，中国の上場会社において，株権によるインセンティブの設計主体は独立性を有すると思われる報酬と考課委員会であり，その適正性に関しては独立取締役の判断が求められているのである。従って，法規制において，株権によるインセンティブに関しては経営陣からの独立性を求めていることが十分伺えるものである。しかし，実際には独立取締役の半数以上を含む報酬と考課委員会はあくまでも取締役会の傘下にあり，最終判断を行うのは報酬と考課委員会ではなく，取締役会となる。その上に，独立取締役も自由に独立した意見を述べられるかどうかについては疑問が感じられるところでもある。

　既に述べたように，上場会社の取締役に対する報酬金額とその方法については，株主総会で報告し，決定される。また，株権によるインセンティブの計画については，株主総会において説明される。しかし，株主総会による報酬システム，及びインセンティブに対する影響力は以下のように極めて限定的なのである。つまり，株主総会よりも取締役会が報酬方案の提出，株権によるインセンティブ計画の審議に深く携わるなど報酬システム，インセンティブの設計等に関して極めて強い影響力を果たしていることが分かる。その背景として，中国の上場会社において，取締役会は株主総会の「縮小版」といえることが挙げられる。既に各方面から指摘されているように，中国の上場会社の取締役の多くは大株主から派遣され，しかも大株主の持株比率も

比較的高いのである。派遣された取締役は当該会社の取締役として，しかも大株主の代表者として，取締役会の決議に参加する。つまり，取締役会で通過した決議は，株主総会での通過とほぼ同様の意味を持っていると言っても過言ではないのである。

他方，国有持株上場会社における株権によるインセンティブ計画の実施に関しては，上場会社とは別途に『国有持株上場会社における株権によるインセンティブ実施の試行規則』（中国語：『国有控股上市公司（境内）実施股権激励試行辦法』2006 年 9 月 30 日公布）が設けられている。この規則は国有持株上場会社を対象としているものである[28]。

この国有持株上場会社にはその他の上場会社に比べ，より厳格な規定が定められている。例えば，株権によるインセンティブを実施する国有持株上場会社には次のような 2 つの条件が求められている[29]。① 独立取締役を含む外部取締役が取締役会メンバーの半数以上を占めること，② 報酬委員会は外部取締役で構成されること，である。

ここでの対象者としては，上場会社の取締役，高級管理職（員），及び会社の全体の業績と持続的な発展に直接影響を与える中心的な技術職（員）と管理者である。但し，上場会社の監査役，独立取締役，及び上場会社の持株会社以外の人員が担当する外部取締役は，株権によるインセンティブ対象者にはあげられていないのである[30]。注目すべき点は，その他の上場会社と異なって，国有持株上場会社の監査役は株権によるインセンティブ対象者になってはならないということである。

国有持株上場会社における株権によるインセンティブの方法はその他の上場会社と同様に，譲渡制限株，ストック・オプション，及び法律・行政法規が認めるその他の方式がある。インセンティブに必要な株式の出所は他の上場会社と同様で，新株引受権としてインセンティブの対象に株式を発行する方法，自社株買い戻し方法，法律・行政法規が認めるその他の方法等々である。株権によるインセンティブの計画の実施は，業績考課指標の達成状況を条件とし，健全な業績考課システムと考課方法の構築が求められている。その業績考課目標は株主総会で確定するものである[31]。

また，株権によるインセンティブの計画，及び取締役，高級管理職（員）報酬管理等の関連情報に関しては，公開すると同時に株権によるインセンティブ計画の実施に関して次のような原則の遵守が定められている[32]。①株主利益，会社利益と管理層の利益の一致を堅持，②国有資産の価値維持と資産増加の促進，③中小株主利益の維持，④上場会社の持続的な発展の優先，である。

5 上場会社における社内取締役報酬の実態分析
　　～上場会社 200 社を中心に～

5.1 社内取締役の報酬実態

　中国の上場会社における社内取締役の報酬・手当の支給形態はやや複雑である。興味深いのは，社内取締役の報酬・手当が必ずしも当該会社で支給されているわけではないことである。その報酬・手当の支給形態をみると次のように3つのパターンがある（図表5-1参照）。①当該会社（のみ）からの支給，②株主単位（株主単位とは，当該会社の株式を所有している会社，あるいは機関を指す。）・或はその他関連単位（のみ）からの支給，③当該会社と株主単位・或いはその他関連単位の両方からの支給，である。ここでいうその他関連単位（関係）に関しては，『公司法』は次のように定めている。会社の支配株主，実質的支配者，取締役，監査役，高級管理職（員）とその直接または間接的に支配する企業との間の関係，及び会社の利益移転につながる可能性があるその他の関係などを指す。但し，国による持株企業間では，国が持分を支配することのみで関連関係があることにはならないと定めている[33]。

　図表5-2は，上場会社200社の会社別による社内取締役に対する報酬・手当の支給状況である。図表5-2からも分かるように，上場会社200社の8割弱の会社の社内取締役は株主単位・或いはその他関連単位から報酬・手当が支給されているのである。つまり，大多数の上場会社では，株主単位・或い

図表 5-1　上場会社 200 社における社内取締役の報酬・手当の支給形態

(単位：名)

報酬・手当の出処先	取締役人数
当該会社（のみ）	622
株主単位・或いはその他関連単位（のみ）	380
株主単位・或いはその他関連単位と当該会社の両方	106

注：上場会社200社の社内取締役人数は1140名（外部取締役と独立取締役を除いた人数）である。そのうち，32名の社内取締役の報酬・手当の受給状況は不明である。

出所：各社の「2011年年度報告書」により筆者作成（上場会社200社のサンプルはランダム方式で選定した。その内訳は上海証券取引所の上場会社112社，深圳証券取引所の上場会社88社である。業種別では製造業102社，不動産業28社，卸・小売業17社，サービス業14社，情報・通信業11社，建設業6社，運送業9社，娯楽業2社，鉱業2社，観光業1社，農林・水産業1社，その他7社である。所有制別では国有資本参加企業100社，非国有資本参加企業100社である）。

はその他の関連単位が社内取締役に報酬・手当を支給していることになる。さらに詳しく考察すると，社内取締役のうち2～4名の社内取締役が株主単位・或いはその他関連単位から報酬・手当を受給している会社の割合は全体の51.5％である。半数以上の上場会社で複数の社内取締役に対し，株主単位・或いはその他関連単位から報酬・手当が支給されているのである。さらに，5名以上の社内取締役が株主単位・或いはその他関連単位から報酬・手当を受給している会社は26社で，全体の13％を占めている。そのうち，1社の上場会社においては10名の社内取締役全員が株主単位・或いはその他関連単位から報酬・手当が支給されているのである。（図表5-2参照）

次に，上場会社200社における所有制別による支給状況を考察してみたい。92％の国有資本参加企業で，株主単位・或いはその他関連単位から社内取締役に報酬・手当が支給されていることが図表5-3で確認できる。ほとんどの国有資本参加企業で株主単位・或いはその他関連単位から社内取締役に報酬・手当が支給されていることが分かる（図表5-3参照）。そのうち，1名の社内取締役だけに株主単位・或いはその他関連単位から報酬・手当を支

136　第5章　上場会社における取締役，監査役の報酬・インセンティブ

図表 5-2　社内取締役に対する報酬・手当の支給状況（会社別）

(単位：名，社，%)

株主単位・或いはその他関連単位から報酬・手当を受給する社内取締役人数	当該会社数	200社における割合
0	41	20.5
1	30	15
2	35	17.5
3	33	16.5
4	35	17.5
5	17	8.5
6	5	2.5
7	2	1
8	1	0.5
10	1	0.5

注：サンプル数：上場会社200社。また，図表5-1の注と同様。
出所：各社の「2011年度報告書」により筆者作成（内訳は図表5-1と同様）。

給される会社は5社で全体の5%過ぎないものの，それ以外の上場会社では複数の社内取締役が株主単位・或いはその他関連単位から報酬・手当が支給されているのである（図表5-3参照）。

　他方，非国有資本参加企業における社内取締役の報酬・手当の支給状況をみると，33%の上場会社で，社内取締役に対し株主単位・或いはその他関連単位から報酬・手当が支給されていないことが分かる。国有資本参加企業においては，株主単位・或いはその他関連単位から社内取締役に報酬・手当を支給されていない上場会社の割合が8%であるのに対し，非国有資本参加企業では国有資本参加企業の4倍強になる33%なのである（図表5-3参照）。

　また，非国有資本参加企業において，1名の社内取締役だけが株主単位・或いはその他関連単位から報酬・手当が支給されている会社が25社で，全体で25%を占めている。株主単位・或いはその他関連単位から報酬・手当が支給される社内取締役がいない会社と支給されたとしてもその社内取締役が1名のみである会社は全体の58%を占めて最も多い割合を示している（図表5-3参照）。

図表 5-3 株主単位・或いはその他関連単位から報酬・手当を受給する社内取締役人数とその会社数（所有制別）

(単位：名，社，%)

株主単位・或いはその他関連単位から報酬・手当を受給する社内取締役人数	国有資本参加企業		非国有資本参加企業	
	当該会社数	割合	当該会社数	割合
0	8	8	33	33
1	5	5	25	25
2	19	19	16	16
3	22	22	11	11
4	23	23	12	12
5	15	15	2	2
6	4	4	1	1
7	2	2	1	0
8	1	1	0	0
10	1	1	0	0

注：サンプル数：国有資本参加企業100社（100社のサンプルはランダムで選定した。その内訳は上海証券取引所の上場会社55社，深圳証券取引所の上場会社45社である。業種別では製造業52社，不動産業13社，サービス業7社，運送業6社，情報・通信業5社，建設業4社，娯楽業2社，卸・小売業1社，観光業1社，鉱業1社，農林・水産業1社，その他7社である。），非国有資本参加企業100社（100社のサンプルはランダムで選定した。その内訳は上海証券取引所の上場会社57社，深圳証券取引所の上場会社43社である。業種別では製造業50社，卸・小売業16社，不動産業15社，サービス業7社，情報・通信業6社，運送業3社，建設業2社，鉱業1社である。）。
出所：各社の「2011年年度報告書」により筆者作成。

　図表 5-4 は，上場会社の社内取締役のうち，半数以上の社内取締役が株主単位・或いはその他関連単位から報酬・手当を受給する会社数を表したものである。この図表 5-4 から分かるように，上場会社200社において99社の会社で，半数以上の社内取締役が株主単位・或いはその他関連単位から報酬・手当が支給されている。さらに，所有別にみると，国有資本参加企業では69％の69社，非国有資本参加企業では30％である30社で，半数以上の社内取締役が株主単位・或いはその他関連単位から報酬・手当が支給されている。そのうち，社内取締役全員が株主単位・或いはその他関連単位から報酬・手当が支給されている会社も6社（うち国有資本参加企業4社，非国有資本参加企業2社）が存在している。

図表 5-4　社内取締役半数以上が株主単位・或いはその他関連単位から報酬・
　　　　手当を受給する会社数

(単位：社)

社内取締役のうち，株主単位・或いはその他関連単位から報酬・手当を受給する社内取締役人数が半数以上の会社数	99
うち　国有資本参加企業	69
非国有資本参加企業	30
そのうち，全ての社内取締役が株主単位・或いはその他関連単位から報酬・手当を受給する会社数	6
うち　国有資本参加企業	4
非国有資本参加企業	2

注：1)　サンプル数は上場会社200社であり，そのうち国有資本参加企業
　　　　100社，非国有資本参加企業100社である（内訳は図表5-3と同様）。
　　2)　半数以上は半数を含む。
出所：各社の「2011年年度報告書」により筆者作成。

　このような状況から，会社別に社内取締役の報酬・手当と株主単位・或いはその他関連単位との関連性を分析すると，多くの上場会社の社内取締役の報酬・手当は株主単位・或いはその他関連単位と強い関わりがあることが明らかとなる。特に，国有資本参加企業の場合には，その傾向が極めて顕著であることが分かるのである。

　さらに，上場会社200社において，103社の代表取締役が株主単位・或いはその他関連単位から報酬・手当が支給されていることが示されている。また，所有制別によってその状況も大きく異なる。非国有資本参加企業では36％の会社の代表取締役が株主単位・或いはその他関連単位で報酬・手当が支給されているのに対し，国有資本参加企業では非国有資本企業よりも圧倒的に多い67％を占めているのである（図表5-5参照）。

　上述したように，中国の上場会社における社内取締役の報酬・手当の出所は主に次のような3つのパターンからである。① 株主単位・或いはその他関連単位，② 当該会社，③ 株主単位・或いはその他関連単位と当該会社との両方，である（図表5-6，5-7，5-8参照）。この3つのパターンのうち，最も多いのが当該会社からの支給である。全体の54.6％に当たる622名の社

図表 5-5　代表取締役の報酬・手当と株主単位・或いはその他関連単位との関連性

(単位：名)

株主単位・或いはその他関連単位から報酬・手当を受給する代表取締役の人数	103
うち　国有資本参加企業	67
非国有資本参加企業	36

注：サンプル数は上場会社200社であり，うち国有資本参加企業100社，非国有資本参加企業100社である（内訳は図表5-3と同様）。
出所：各社の「2011年度報告書」により筆者作成。

内取締役が当該会社から報酬・手当が受給されている（図表5-6参照）。株主単位・或いはその他関連単位（のみ）から報酬・手当が受給されている社内取締役は33.3％で，全体の3割強を占める（図表5-7参照）。また，株主単位・或いはその他関連単位と当該会社の両方から報酬・手当を受給する社内取締役は9.3％存在している（図表5-8参照）。注目すべきところは，33.3％の社内取締役が当該会社から報酬・手当が受給されていないことである（図表5-7参照）。つまり，3割以上の社内取締役の報酬・手当は当該会社とは関係がなく，当該会社以外から支給されていることである。

さらに，所有制別に考察してみると，国有資本参加企業と非国有資本参加企業における報酬・手当の出所の3つのパターンの内容においては異なる傾向が見られることに注目したい。国有資本参加企業では，最も多いパターンが株主単位・或いはその他関連単位からの支給であり，その次に多いパターンが当該会社（のみ）からの支給で，三番目に多いのが株主単位・或いはその他関連単位と当該会社の両方からの支給である。一方，非国有資本参加企業では最も多いパターンが当該会社からの支給であり，その次に株主単位・或いはその他関連単位からの支給である（図表5-6, 5-7, 5-8参照）。つまり，報酬・手当面において，国有資本参加企業の社内取締役は非国有資本参加企業の社内取締役よりも当該会社との関わりははるかに希薄であるともいえるのである。

図表 5-6　当該会社（のみ）で報酬・手当を受給する社内取締役人数

(単位：名，%)

人　数		割合
全体	622	54.6
うち　国有資本参加企業	256	42.2
非国有資本参加企業	366	68.5

注：1)　サンプル数：上場会社200社（内訳は図表5-3と同様）。上場会社200社の社内取締役人数は1140名（外部取締役と独立取締役を除いた人数）で，うち国有資本参加企業の社内取締役は606名であり，非国有資本参加企業の社内取締役は534名である。32名の社内取締役（うち国有資本参加企業18名，非国有資本参加企業14名）の報酬・手当の受給状況は不明である。
　　2)　小数点1位未満四捨五入。
出所：各社の「2011年年度報告書」により筆者作成。

図表 5-7　株主単位・或いはその他関連単位（のみ）から報酬・手当を受給する社内取締役人数

(単位：名，%)

人　数		割合
全体	380	33.3
うち　国有資本参加企業	270	44.6
非国有資本参加企業	110	20.6

注：1)　図表5-6の1)と同様。
　　2)　小数点1位未満四捨五入。
出所：各社の「2011年年度報告書」により筆者作成。

図表 5-8　株主単位・或いはその他関連単位と当該会社の両方から報酬・手当を受給する社内取締役人数

(単位：名，%)

人　数		割合
全体	106	9.3
うち　国有資本参加企業	62	10.2
非国有資本参加企業	44	8.2

注：1)　図表5-6の1)と同様。
　　2)　小数点1位未満四捨五入。
出所：各社の「2011年年度報告書」より筆者作成。

5.2 社内取締役と株権によるインセンティブとの関連

　上場会社200社（各社の「2011年年度報告書」）において，社内取締役に対し株権によるインセンティブ（中国の上場会社において，株権によるインセンティブの方法は譲渡制限株，ストック・オプションなど多種多様であることは既に述べた通りである。但し，大部分の上場会社では「年度報告書」に株権によるインセンティブの方法の内訳を明らかにしていない。本章では株権によるインセンティブとして統一したい。）を実施していると思われる会社数を表したのが図表5-9である。この図表5-9からも分かるように，上場会社200社のうち，半数以上である50.5％の会社では社内取締役に対し何らかの株権によるインセンティブを実施していることが分かる[34]。所有制別にみると，国有資本参加企業が48％であり，非国有資本参加企業が53％を占めている。

図表5-9　社内取締役に対し株権によるインセンティブを実施していると思われる会社数

(単位：社，％)

	会社数	割合
全体	101	50.5
うち　国有資本参加企業	48	48
非国有資本参加企業	53	53

注：サンプル会社数は上場会社200社であり，うち国有資本参加企業100社，非国有資本参加企業100社である（内訳は図表5-3と同様）。
出所：各社の「2011年年度報告書」により筆者作成。

　周・孫（2003）の研究調査によれば，2001年度の上場会社において株権によるインセンティブを実施する会社数は僅か34社に過ぎない。そのうち，85％に当たる29社の会社の第1株主は国家株，或いは国有法人株であった。つまり，2001年度には，株権によるインセンティブを実施する会社は基本的に国有資本の会社であったのである[35]。このような状況から見れば，過去10年間に，株権によるインセンティブを実施する上場会社は飛躍的に増えていることが分かる。特に，非国有資本参加企業で株権によるイン

センティブを実施する会社の増加が顕著であることは明らかである。

上場会社200社における社内取締役のうち，株権によるインセンティブの対象者と思われる社内取締役は264名で，全体の23.2％を占めている。社内取締役の約4名に1名が株権によるインセンティブの対象者であるといえるだろう（図表5-10参照）。会社別では50％強の会社で株権によるインセンティブを実施しているのに対し，その対象者と思われる社内取締役は25％弱である。つまり，1社当たりにおける株権によるインセンティブの対象者が少ないことが推測できる。

株権によるインセンティブの対象者の割合は非国有資本参加企業の方が国有資本参加企業より大きな比重を占めている。非国有資本参加企業の27.9％の社内取締役が株権によるインセンティブの対象者と思われるのに対し，国有資本参加企業ではその割合が19.0％に過ぎないのである。非国有資本参加企業が国有資本参加企業より株権によるインセンティブが活発に行われていることが考えられる（図表5-10参照）。

図表5-10　株権によるインセンティブの対象者と思われる社内取締役

(単位：名，％)

人　数		割合
全体	264	23.2
うち　国有資本参加企業	115	19.0
非国有資本参加企業	149	27.9

注：1)　サンプル数：上場会社200社（内訳は図表5-3と同様）。図表5-6の1)と同様。
　　2)　小数点1位未満四捨五入。
出所：各社の「2011年度報告書」により筆者作成。

上場会社200社における株権によるインセンティブの対象者と思われる社内取締役は次のように3つのパターンに分類できる（図表5-11, 5-12, 5-13を参照）。①当該会社から報酬・手当を受給しながら株権によるインセンティブの対象者になっている社内取締役，②株主単位・或いはその他関連単位から報酬・手当を受給しながら株権によるインセンティブの対象者に

なっている社内取締役，③当該会社と株主単位・或いはその他関連単位の両方から報酬・手当を受給しながら株権によるインセンティブの対象者になっている社内取締役，の3つのパターンである。この3つのパターンのうち，最も多いのが当該会社で報酬・手当を受給しながら当該会社の持株をしている社内取締役である。このパターンの社内取締役は社内取締役全体の2割弱を占めている（図表5-11参照）。他方，上場会社200社の社内取締役全員の4.0％に当たる46名の社内取締役は当該会社の株式を持っているものの，報酬・手当は株主単位・或いはその他関連単位から支給されているのである（図表5-12参照）。

さらに所有別に詳しくみると，当該会社から報酬・手当を受給しながら当該会社の持株の社内取締役は，非国有資本参加企業の方が国有資本参加企業の方より高い割合を占めていることが分かる。これに対して，株主単位・或いはその他関連単位から報酬・手当を受給し，且つ当該会社の持株の社内取締役の割合は国有資本参加企業の方が非国有資本参加企業の方より多いことが分かる。国有資本参加企業は非国有資本参加企業より株主単位との繋がりが緊密であることがここでも明らかなのである（図表5-11，5-12参照）。

図表5-11　当該会社からの報酬・手当の支給で株権によるインセンティブの対象者と思われる社内取締役

(単位：名，%)

	人数	割合
全体	192	16.8
うち　国有資本参加企業	76	12.5
非国有資本参加企業	116	21.7

注：1）　サンプル数：上場会社200社（内訳は図表5-3と同様）。図表5-6の1）と同様。
　　2）　5名の持株の社内取締役（うち国有資本参加企業2名，非国有資本参加企業3名）の報酬・手当の支給先は不明である。
　　3）　小数点1位未満四捨五入。
出所：各社の「2011年年度報告書」により筆者作成。

図表 5-12 株主単位・或いはその他関連単位からの報酬・手当の支給で，株権によるインセンティブの対象者と思われる社内取締役

(単位：名，%)

	人　数	割合
全体	46	4.0
うち　国有資本参加企業	29	4.8
非国有資本参加企業	17	3.2

注：1)　図表 5-11 の 1) 2) と同様。
　　2)　小数点 1 位未満四捨五入。
出所：各社の「2011 年年度報告書」により筆者作成。

図表 5-13 当該会社と株主単位・或いはその他関連単位からの報酬・手当の支給で，株権によるインセンティブの対象者と思われる社内取締役

(単位：名，%)

	人　数	割合
全体	21	1.8
うち　国有資本参加企業	8	1.3
非国有資本参加企業	13	2.4

注：1)　図表 5-11 の 1) 2) と同様。
　　2)　小数点 1 位未満四捨五入。
出所：各社の「2011 年年度報告書」により筆者作成。

　次に，図表 5-14 は，2011 年度における当該会社から支給されている社内取締役の報酬状況である。報酬・手当が当該会社から支給されていると思われる社内取締役には当然ながら専ら株主単位・或いはその他関連単位から報酬・手当を受給する社内取締役は含まれていない。当該会社から報酬・手当を受給する社内取締役はさらに 2 つのパターンに分けられる。1 つは，当該会社のみから報酬・手当を受給する社内取締役で，もう 1 つは当該会社と株主単位・或いはその他関連単位の両方から報酬・手当を受給する社内取締役である。この 2 つのパターンの報酬状況を表したのが図表 5-15 と図表 5-16 である。

　既に，図表 5-14 で明らかなように，2011 年度における当該会社から支給されている社内取締役の平均報酬額は 52.04 万元である。これをさらに所有

図表 5-14　当該会社の支給と思われる社内取締役の報酬状況

(単位：万元)

	平均値	中央値	標準偏差値	最大値	最小値
全体	52.04	35.29	69.50	957.74	0.122
国有資本参加企業	58.22	43.48	63.46	370.90	0.210
非国有資本参加企業	47.25	30.16	73.56	957.74	0.122

注：1）　各社の「2011年年度報告書」に基づいて作成した2011年度の報酬状況である。報酬は税引前の金額である。
　　2）　当該会社で報酬が受給されると思われる上場会社200社（内訳は図表5-3と同様）の社内取締役は728名（国有資本参加企業：318名，非国有資本参加企業：410名）である。
　　3）　平均値，中央値，標準偏差値は小数点2位未満四捨五入。
出所：各社の「2011年年度報告書」により筆者作成。

別に考察すると，国有資本参加企業の社内取締役の平均報酬額は58.22万元であり，非国有資本参加企業の平均報酬額は47.25万元である。但し，ここで注意すべきところは「年度報告書」では株主単位・或いはその他関連単位からの受給金額が未公開で，確認することができないことである。つまり，当該会社と株主単位・或いはその他関連単位の両方から報酬・手当を受給する社内取締役の実際の報酬金額は把握できない状況である。

上場会社における社内取締役の実際の報酬状況を把握するためには，当該会社と株主単位・或いはその他関連単位の両方から報酬・手当を受給する社内取締役を除いた当該会社のみから報酬・手当を受給する社内取締役の報酬状況こそが最も妥当だと考えられる。つまり，図表5-15の当該会社（のみ）から報酬・手当を受給する社内取締役の報酬状況が最も正確に2011年度の上場会社における社内取締役の報酬状況を反映していると思われる。従って，2011年度の中国の上場会社における社内取締役の実際の平均報酬額は58.53万元であるといえると思う。これは2011年度における上場会社の従業員（高級管理者を含まない）の平均報酬額8.2万元の約7倍であり，全国の一般従業員の平均給料4万2452元の約13倍である[36]。このデータから分かるように，中国の上場会社の社内取締役の報酬額と一般従業員の報酬額の格差は日本，アメリカに比べても極めて小さいということが分かる。

さらに，所有別の上場会社における社内取締役の実際の報酬金額をみる

と，国有資本参加企業の平均報酬金額は 69.41 万元で，非国有資本参加企業の平均報酬金額は 50.89 万元である（図表 5-15 参照）。国有資本参加企業の社内取締役の平均報酬額は非国有資本参加企業の社内取締役よりも 18.52 万元も高いことが分かる。

図表 5-15　当該会社（のみ）での支給と思われる社内取締役の報酬状況

（単位：万元）

	平均値	中央値	標準偏差値	最大値	最小値
全体	58.53	41.85	72.87	957.74	0.122
国有資本参加企業	69.41	53.74	65.54	370.90	2.400
非国有資本参加企業	50.89	34.2	76.65	957.74	0.122

注：1）　図表 5-14 の 1）と同様。
　　2）　当該会社のみで報酬が受給されると思われる上場会社 200 社（内訳は図表 5-3 と同様）の社内取締役は 622 名（国有資本参加企業：256 名，非国有資本参加企業：366 名）である。
　　3）　平均値，中央値，標準偏差値は小数点 2 位未満四捨五入。
出所：各社の「2011 年年度報告書」により筆者作成。

図表 5-16　当該会社と株主単位・或いはその他関連単位からの支給で，当該会社で支給する社内取締役の報酬状況

（単位：万元）

	平均値	中央値	標準偏差値	最大値	最小値
全体	14.53	6	20.33	120.00	0.21
国有資本参加企業	12.20	6	17.35	84.61	0.21
非国有資本参加企業	17.73	6	23.68	120.00	1.00

注：1）　図表 5-14 の 1）と同様。
　　2）　当該会社と株主単位・或いはその他関連単位から報酬が受給されると思われる上場会社 200 社（内訳は図表 5-3 と同様）の社内取締役は 106 名（国有資本参加企業 62 名，非国有資本参加企業：44 名）である。
　　3）　平均値，標準偏差値は小数点 2 位未満四捨五入。
出所：各社の「2011 年年度報告書」により筆者作成。

6 上場会社における監査役報酬の実態分析
〜上場会社200社を中心に〜

6.1 監査役の報酬実態

　中国の上場会社における監査役についての報酬・手当の支給形態は基本的に社内取締役と同じ支給形態である。上場会社200社における株主単位・或いはその他関連単位から報酬・手当を受給する監査役人数とその会社数を表したものが図表5-17である。株主単位・或いはその他関連単位から報酬・手当を受給する監査役が存在していない会社は全体の27.5％であるものの，72.5％の上場会社の監査役は株主単位・或いはその他関連単位から報酬・手当を受給しているのである。株主単位・或いはその他関連単位から報酬・手当を受給する監査役が存在する会社の割合は社内取締役と比べやや低いものの，そこでは大きな差は見られない。

　次に，株主単位・或いはその他関連単位から報酬・手当を受給する監査役人数が2名の会社が最も多く全体の36％で，1名の会社が23.5％で二番目に多くなっている。株主単位・或いはその他関連単位から報酬・手当を受給す

図表5-17　株主単位・或いはその他関連単位で報酬・手当を受給する監査役人数とその会社数

(単位：名, 社, %)

株主単位・或いはその他関連単位から報酬・手当を受給する監査役人数	当該会社数	200社における割合
0	55	27.5
1	47	23.5
2	72	36
3	20	10
4	5	2.5
5	1	0.5

注：サンプル数：上場会社200社（内訳は図表5-1と同様）。
出所：各社の「2011年度報告書」により筆者作成。

る監査役が1～2名の会社は59.5％で全体の半数を占めている（図表5-17参照）。

　株主単位・或いはその他関連単位から報酬・手当を受給する社内取締役が存在していない会社が20.5％であることは既に述べたとおりである。このような状況から明らかなように，中国の上場会社において，株主単位・或いはその他関連単位から報酬・手当を受給する社内取締役と監査役が同時に存在している会社は実に7割以上である。つまり，多くの会社においては，社内取締役と監査役は株主単位・或いはその他関連単位から報酬・手当を受給しているのである。

　一方，株主単位・或いはその他関連単位から報酬・手当を受給する監査役が存在しない国有資本参加企業の割合は10％に対し，非国有資本参加企業の割合は45％である（図表5-18参照）。つまり，国有資本参加企業の方が非国有資本参加企業の方より株主単位・或いはその他関連単位から報酬・手当を受給する監査役が存在する会社が圧倒的に多いことが分かる。中国の上場会社の社内取締役，監査役をみると，国有資本参加企業の方が非国有資本参加企業より株主単位・或はその他関連単位から報酬・手当を受給する会社が極めて多いのである。総じて，報酬・手当面において，国有資本参加企業

図表5-18　株主単位・或いはその他関連単位から報酬・手当を受給する監査役人数とその会社数（所有制別）

（単位：名，社，％）

株主単位・或いはその他関連単位から報酬・手当を受給する監査役人数	国有資本参加企業		非国有資本参加企業	
	当該会社数	割合	当該会社数	割合
0	10	10	45	45
1	28	28	19	19
2	43	43	29	29
3	14	14	6	6
4	5	5	1	1

注：サンプル数：国有資本参加企業100社，非国有資本参加企業100社（内訳は図表5-3と同様）。
出所：各社の「2011年年度報告書」により筆者作成。

の方が非国有資本参加企業より株主単位・或いはその他関連単位とより密接な関連があることが指摘できる。

また，上場会社200社のうち，73社の会社では監査役の半数以上が株主単位・或いはその他関連単位から報酬・手当を受給している。所有制別に考察すると国有資本参加企業は45社であり，非国有資本参加企業は28社である（図表5-19参照）。

図表5-19　監査役会において，株主単位・或いはその他関連単位から報酬・手当を受給する監査役人数が半数以上の会社

(単位：社)

監査役会において，株主単位・或いはその他関連単位から報酬・手当を受給する監査役人数が半数以上の会社数	73
うち　国有資本参加企業（100社）	45
非国有資本参加企業（100社）	28
全ての監査役が株主単位・或いはその他関連単位から報酬・手当を受給する会社数	2
うち　国有資本参加企業（100社）	0
非国有資本参加企業（100社）	2

注：サンプル数：上場会社200社（内訳は図表5-3と同様）。半数以上は半数を含む。
出所：各社の「2011年年度報告書」により筆者作成。

さらに，監査役会主席の報酬・手当の出処と株主単位・或いはその他関連単位との関連性をみると，94人の監査役会主席の報酬・手当が株主単位・或いはその他関連から支給されていることが分かる（図表5-20参照）。監査役会主席が明記されていない国有資本参加企業4社と非国有資本参加企業7社を考慮すると約50％の会社の監査役会主席の報酬・手当は株主単位・或いはその他関連単位と関連しているということである。さらに，その詳細を考察すると，国有資本参加企業では58名の監査役会主席，非国有資本参加企業では36名の監査役会主席が株主単位・或いはその他関連単位から報酬・手当が支給されているのである。監査役会主席の面でも，国有資本参加企業の方が非国有資本参加企業よりはるかに株主単位・或いはその他関連単位との繋がりが強いことが指摘できる（図表5-20参照）。

150　第5章　上場会社における取締役，監査役の報酬・インセンティブ

図表5-20　監査役会主席の報酬・手当の出処

(単位：名)

株主単位・或いはその他関連単位から報酬・手当を受給する監査役会主席（全体）	94
うち　国有資本参加企業（100社）	58
非国有資本参加企業（100社）	36

注：1）　サンプル数：200社（内訳は図表5-3と同様）。
　　2）　国有資本参加企業4社，非国有資本参加企業7社においては監査役主席が明記されていない。
出所：各社の「2011年年度報告書」により筆者作成。

　次に，監査役の報酬・手当と株主単位・或いはその他関連単位との関連性を分析したい。中国の上場会社の監査役の報酬・手当の出処元は社内取締役と同様で，次のような3つのパターンがある。①当該会社からの支給，②株主単位・或いはその他関連単位からの支給，③当該会社と株主単位・或いはその他関連単位からの両方からの支給，である。この3パターンのうち，当該会社（のみ）から報酬・手当を受給する監査役人数が最も多く，全体の61.0%を占めている。二番目に多いのは株主単位・或いはその他関連単位（のみ）から報酬・手当を受給する監査役で，全体の30.5%である。ごく一部分である6.1%の監査役は当該会社と株主単位・或いはその他関連単位の両方から報酬・手当を受給している（図表5-21，5-22，5-23参照）。つまり，3割以上の監査役の報酬システムは当該会社と全く関係なく，株主単位・或いはその他関連単位から支給されているのである。株主単位・或いはその他関連単位から報酬・手当を受給する監査役の割合と社内取締役の割合も基本的には同じ傾向が見られる。つまり，3割強の社内取締役と監査役は当該会社から報酬・手当が受給されていないということである。

図表 5-21 当該会社（のみ）で報酬・手当を受給する監査役人数

(単位：名，%)

人　数		割合
全体	459	61.0
うち　国有資本参加企業	215	53.6
非国有資本参加企業	244	69.3

注：1) サンプル数：上場会社 200 社（内訳は図表 5-3 と同様）。監査役総人数 753 名である。国有資本参加企業 100 社における監査役の人数は 401 名であり，非国有資本参加企業 100 社における監査役の人数は 352 名である。
2) 18 名の監査役（国有資本参加企業 10 名，非国有資本参加企業 8 名）の報酬・手当の出所元は不明である。
3) 小数点 1 位未満四捨五入。
出所：各社の「2011 年年度報告書」により筆者作成。

図表 5-22 株主単位・或いはその他関連単位（のみ）で報酬・手当を受給する監査役人数

(単位：名，%)

人　数		割合
全体	230	30.5
うち　国有資本参加企業	153	38.2
非国有資本参加企業	77	21.9

注：1) 図表 5-21 の 1) 2) と同様。
2) 小数点 1 位未満四捨五入。
出所：各社の「2011 年年度報告書」により筆者作成。

図表 5-23 株主単位・或いはその他関連単位と当該会社の両方から報酬・手当を受給する監査役状況

(単位：名，%)

人　数		割合
全体	46	6.1
うち　国有資本参加企業	23	5.7
非国有資本参加企業	23	6.5

注：1) 図表 5-21 の 1) 2) と同様。
2) 小数点 1 位未満四捨五入。
出所：各社の「2011 年年度報告書」により筆者作成。

6.2 監査役による当該会社の持株状況

上場会社200社における監査役による当該会社の持株状況を表したものが図表5-24である。図表5-24で明らかなように，当該会社の持株をする監査役が存在する会社の割合は31%である。さらに，上場会社200社の監査役のうち13.4%の監査役が当該会社の株式を所有している（図表5-25参照）。3割以上の会社の監査役が当該会社の株式を所有しているものの，当該会社の持株をする監査役の割合はそれほど多くはないということである。

その監査役の当該会社の持株と報酬・手当の組合せには次のような特徴が見られる（図表5-26，5-27，5-28参照）。その特徴の1つ目は，当該会社からの報酬・手当の支給と当該会社の持株との組合せである，2つ目は，株主単位・或いはその他関連単位からの報酬・手当の支給と当該会社の持株との組合せである。3つ目は，当該会社と株主単位・或いはその他関連の両方からの報酬・手当の支給と当該会社の持株との組合せである。そのうち，最も多いパターンは当該会社から報酬・手当が受給され，同時に当該会社の持株をする監査役で，監査役全体の9.3%を占めている。その内訳を詳しくみると，非国有資本参加企業の方が国有資本参加企業よりもやや高い割合である（図表5-26参照）。他方，株主単位・或いはその他関連から報酬・手当を受給しながら当該会社の株式を持っている監査役の割合を考察すると，国有資本参加企業の方が非国有資本参加企業より倍以上の割合を占めていることが分かる（図表5-27参照）。このような傾向は社内取締役の場合と全く同じであるということが分かる。

図表5-24 当該会社の持株をする監査役が存在する会社数

(単位：社，%)

	会社数	割合
全体	62	31
うち 国有資本参加企業（100社）	31	31
非国有資本参加企業（100社）	31	31

注：図表5-21の1) 2) と同様。
出所：各社の「2011年年度報告書」により筆者作成。

図表 5-25　当該会社の持株をする監査役人数

(単位：名，％)

人　数		割合
全体	101	13.4
うち　国有資本参加企業（100 社）	53	13.2
非国有資本参加企業（100 社）	48	13.6

注：1）　図表 5-21 の 1) 2) と同様。
　　2）　小数点 1 位未満四捨五入。
出所：各社の「2011 年年度報告書」により筆者作成。

図表 5-26　当該会社からの報酬・手当の受給（のみ）と同時に持株をする監査役

(単位：名，％)

人　数		割合
全体	70	9.3
うち　国有資本参加企業（100 社）	34	8.5
非国有資本参加企業（100 社）	36	10.2

注：1）　図表 5-21 の 1) 2) と同様。
　　2）　3 名の当該会社の持株の監査役（国有資本参加企業 2 名，非国有資本参加企業 1 名）の報酬・手当の出所元は不明である。
　　3）　小数点 1 位未満四捨五入。
出所：各社の「2011 年年度報告書」により筆者作成。

図表 5-27　株主単位・或いはその他関連単位からの受給（のみ）と同時に当該会社の持株をする監査役

(単位：名，％)

人　数		割合
全体	24	3.2
うち　国有資本参加企業（100 社）	17	4.2
非国有資本参加企業（100 社）	7	2.0

注：1）　図表 5-21 の 1) 2) と同様。
　　2）　図表 5-26 の 2) と同様。
　　3）　小数点 1 位未満四捨五入。
出所：各社の「2011 年年度報告書」により筆者作成。

一方，上場会社200社における監査役会主席の持株状況をみると，16%の会社の監査役会主席が当該会社の株式を所有していることが分かる。所有別に見ても，その点は特に大きな差が見られない（図表5-29参照）。

図表5-28　当該会社と株主単位・或いはその他関連単位から受給と同時に当該会社の持株をする監査役

(単位：名，%)

人　数		割合
全体	4	0.5
うち　国有資本参加企業（100社）	0	0
非国有資本参加企業（100社）	4	1.1

注：1)　図表5-21の1) 2) と同様。
　　2)　図表5-26の2) と同様。
　　3)　小数点1位未満四捨五入。
出所：各社の「2011年年度報告書」により筆者作成。

図表5-29　当該会社の持株をする監査役会主席

(単位：名，%)

人　数		割合
全体	32	16
うち　国有資本参加企業	14	14
非国有資本参加企業	18	18

注：1)　図表5-3と1) 同様。
　　2)　国有資本参加企業4社，非国有資本参加企業7社は監査役会主席が明記されていない。
出所：各社の「2011年年度報告書」により筆者作成。

次に，当該会社から報酬・手当を受給する監査役の報酬状況を表したものが図表5-30，5-31，5-32である。図表5-30は，当該会社と報酬面で関わりがある全ての監査役の報酬状況である。図表5-32は，報酬面で当該会社と関わりがありながら，他方では株主単位・或いはその他関連単位からも報酬・手当を受給する監査役で，当該会社から受給する報酬状況を表したものである。上述した社内取締役の報酬状況と同様で，図表5-31の当該会社のみから報酬・手当を受給する監査役の報酬状況が最も正確に2011年度の中

国の上場会社における監査役の真の報酬状況を反映していると思われる。図表 5-31 からも明らかなように，監査役の平均報酬額は上場会社の従業員の平均報酬額のおよそ 3 倍であり，一般従業員の平均報酬額のおよそ 6 倍である。

さらに，2011 年度の上場会社における当該会社（のみ）から支給されている監査役の平均報酬額は 26.20 万元である。これは社内取締役の平均報酬額のおよそ 45％に相当し，半分にも及ばない報酬額である。所有別に監査役と社内取締役の平均報酬額を比較すると，国有資本参加企業の監査役の平

図表 5-30　当該会社の支給と思われる監査役の報酬状況

（単位：万元）

	平均値	中央値	標準偏差値	最大値	最小値
全体	24.18	16.65	29.44	271.17	0.049
国有資本参加企業	33.88	25.78	37.53	271.17	0.21
非国有資本参加企業	15.54	12.00	15.11	162.32	0.049

注：1）　各社の「2011 年年度報告書」に基づいて作成した 2011 年度の報酬状況である。報酬金額は税引きまでの金額である。サンプル数：上場会社 200 社（内訳は図表 5-3 と同様）。
　　2）　当該会社で報酬が受給されると思われる上場会社 200 社（国有資本参加企業 100 社，非国有資本参加企業 100 社）の監査役は 505 名（国有資本参加企業：238 名，非国有資本参加企業：267 名）である。
　　3）　平均値，中央値，標準偏差値は小数点 2 位未満四捨五入。
出所：各社の「2011 年年度報告書」により筆者作成。

図表 5-31　当該会社（のみ）での支給と思われる監査役の報酬状況

（単位：万元）

	平均値	中央値	標準偏差値	最大値	最小値
全体	26.20	18	30.20	271.17	0.049
国有資本参加企業	37.13	28	38.18	271.17	3.6
非国有資本参加企業	16.57	13	15.37	162.32	0.049

注：1）　図表 5-30 の 1）と同様。
　　2）　当該会社のみで報酬を受給されると思われる上場会社 200 社（国有資本参加企業 100 社，非国有資本参加企業 100 社）の監査役の人数は 459 名（国有資本参加企業：215 名，非国有資本参加企業：244 名）である。
　　3）　平均値，標準偏差値は小数点 2 位未満四捨五入。
出所：各社の「2011 年年度報告書」により筆者作成。

156   第5章　上場会社における取締役，監査役の報酬・インセンティブ

図表 5-32　当該会社と株主単位・或いはその他単位から報酬が支給される監査役で，当該会社で支払う報酬状況

(単位：万元)

	平均値	中央値	標準偏差値	最大値	最小値
全体	5.01	3.0	5.65	27.56	0.21
国有資本参加企業	4.84	3.5	5.88	27.56	0.21
非国有資本参加企業	5.17	2.6	5.52	21	0.3

注：1)　図表 5-30 の 1)と同様。
　　2)　当該会社と株主単位・或いはその他単位から報酬を支給されると思われる上場会社 200 社（国有資本参加企業 100 社，非国有資本参加企業 100 社）の監査役は 46 名（国有資本参加企業：23 名，非国有資本参加企業：23 名）である。
　　3)　平均値，標準偏差値は小数点 2 位未満四捨五入。
出所：各社の「2011 年年度報告書」により筆者作成。

均報酬額は当該会社の社内取締役の約 53％であり，非国有資本参加企業では約 33％にすぎない。つまり，中国の上場会社において社内取締役と監査役の報酬額の格差は極めて大きく，特に非国有資本参加企業でその格差が顕著であることが明らかである。

7　大株主と報酬・インセンティブとの関連性
　　～実態分析の結果から～

　上述の図表 5-4 で明らかになったように，上場会社 200 社のうち，99 社においては社内取締役の半数以上が株主単位・或いはその他関連単位から報酬・手当が支給されている。また，上場会社 200 社における社内取締役の 42.6％は株主単位・或いはその他関連単位から報酬・手当が支給されている（図表 5-7，5-8 参照）。さらに，33.3％の社内取締役の報酬・手当の支給については，当該会社が全く関与していないことも明らかである。つまり，3 割以上の社内取締役の報酬・手当は完全に株主単位・或いはその他関連単位で評価・決定されて支給されているのである。
　監査役においても，同様の特徴が明らかになった。株主単位・或いはその

7 大株主と報酬・インセンティブとの関連性　157

他関連単位から報酬・手当を受給する監査役が監査役会の半数以上を占める会社は73社で，30.5％の監査役は当該会社から報酬・手当が支給されておらず，株主単位・或いはその他関連単位から報酬・手当が支給されているのである（図表5-19，図表5-22参照）。

　これらの社内取締役と監査役の報酬体系は当然ながら支給元である株主単位・或いはその他関連単位によって設計，評価されることが当然推測できる。株主単位・或いはその他関連単位は社内取締役と監査役に対して報酬・手当を支給することを通じて，これらの社内取締役と監査役に対するコントロールを確保し，経営者の活動に介入する機会が高くなることも当然予測できる。つまり，株主単位・或いはその他関連単位は自己の権限を利用して，自己の利益が最大化されるような報酬制度を設計する可能性が極めて高くなるのである。このように，中国の多くの上場会社において，社内取締役と監査役に対する報酬・手当をコントロールすることで，大株主は自ら派遣した社内取締役・監査役による「内部者支配」を極力抑制し，「大株主支配」の維持を確保しようとする意図が伺えるのである。大株主は報酬・手当のコントロール権を掌握するという手段を用いて，大株主の影響力を拡大し，「内部者支配」が生まれる要素を排除し，大株主による支配構造を維持していると考えられるのである。これは集中的な株式所有構造を基礎とした大株主支配という特殊な構造であるといえる。さらに，当該会社と株主単位・或いはその他関連単位において利害の不一致が生じた場合には，これらの社内取締役と監査役は当該会社より報酬・手当の支給元である株主単位・或いはその他関連単位の利益の方を優先することが考えられる。それによって，当該会社の利益が株主単位・或いはその他関連単位によって侵害されてしまう事態が起こりうるのである。従って，中国の上場会社においては，株主単位・或いはその他関連単位の利益が当該会社よりはるかに優先される意思決定，及び経営活動が行われる恐れがあるといえるのである。

　一方，中国の上場会社と株主単位・或いはその他関連単位との関係は極めて複雑である。その具体的な表れの1つとして，上に述べた報酬・手当の支給との密接な関係がある。但し，所有別によってその密接度の違いも見られ

るのである。取締役会における社内取締役のうち、社内取締役の半数以上が株主単位・或いはその他関連単位から報酬・手当を受給する会社では、国有資本参加企業が69社（100社のうち）であるのに対し、非国有資本参加企業では30社（100社のうち）に過ぎない（図表5-4参照）。また、株主単位・或はその他関連単位（のみ）で報酬・手当が支給されている社内取締役の割合においては、国有資本参加企業では44.6％であるのに対し、非国有資本参加企業ではその半分以下の20.6％である（図表5-7参照）。一方、監査役についても社内取締役と同様の特徴が見い出される。上場会社200社における監査役のうち、株主単位・或いはその他関連単位から報酬・手当を受給する監査役の人数が半数以上の国有資本参加企業は45社（100社のうち）で、非国有資本参加企業は28社（100社のうち）である（図表5-19参照）。国有資本参加企業の38.2％の監査役が株主単位・或いはその他関連単位（のみ）から報酬・手当を受給するのに対し、非国有資本参加企業の割合は21.9％である（図表5-22参照）。報酬・インセンティブにおける株主単位・或いはその他関連単位との関連性をみると、国有資本参加企業の社内取締役と監査役の方が非国有資本参加企業より強い関連性があることが明らかなのである。このような状況から、中国の上場会社において、国有資本参加企業は非国有資本参加企業より「内部者支配」の可能性が低く、「大株主支配」の傾向が強いということができる。言い換えれば、中国の上場会社において、国有資本参加企業の方が非国有資本参加企業よりもはるかに株主単位・或いはその他関連単位の影響を受けやすいといえるのである。

　企業価値、及び株主価値の最大化を実現するためには、経営陣に株主利益と連動するインセンティブを与えることが極めて重要である。つまり、経営陣に対して株権によるインセンティブを与えることである。このような株主と経営者の利益を緊密に連動させるインセンティブを通じて、経営者と株主の利益の一致の実現を図り、株主と経営者は利益共同体となるのである。つまり、委託人である株主は代理人である経営者の積極性と能力を最大限に引き出すことが期待できるのである。また、経営者が株主の立場に立って、企業の長期的発展に有利な戦略を選択することになるはずである。結果的に

は,「委託―代理」の根幹問題である代理コストを軽減させることに繋がるのである。中国の上場会社における株権によるインセンティブの実施状況については上に述べたとおりである。その株権によるインセンティブの実施状況は上述したように所有制別によって大きく異なっている。つまり,株権によるインセンティブの対象者と思われる社内取締役の存在の割合をみた場合,国有資本参加企業では19.0％で,非国有資本参加企業では27.9％である(図表5-10参照)。株権によるインセンティブは,非国有資本参加企業の方が国有資本参加企業より活発に行われ,非国有資本参加企業の経営陣は国有資本参加企業の経営陣より会社の経営により積極的であると考えられる。総じて,国有資本参加企業は派遣した社内取締役と監査役に対する報酬・手当をコントロールすることで,彼らを大株主利益の最大化の経営を行うように誘導しているのに対し,非国有資本参加企業は株権によるインセンティブを積極的に活用して,大株主利益の最大化のための経営を行うように誘導していると考えられるのである。

8　おわりに

　本章では,中国の上場会社における社内取締役と監査役の報酬・手当について,その支給形態,報酬金額などの考察を行った。さらに,当該会社の持株の実態に関しても考察を行った。これらの考察を通じて,社内取締役と監査役の報酬の実態が基本的に明らかになったと思う。中国の上場会社における社内取締役と監査役の報酬・手当の支給形態は極めて多様であり,所有制の性質の違いによってその特徴が異なること,また,社内取締役と監査役の報酬金額の格差が極めて大きいことは既に述べた通りである。中国の上場会社では当該会社以外から報酬・手当を受給する社内取締役と監査役が多く,国有資本参加企業ほどその割合が高くなっているのである。このような実態分析から次のような特徴を提起したいと思う。つまり,中国の多くの上場会社では,「内部者支配」を抑制し,「大株主支配」の維持を確保するための手

段の1つとして,報酬・手当のコントロール権の掌握を図っていると考えられる。このような特徴は国有資本参加企業の方が非国有資本参加企業よりより顕著である。他方,非国有資本参加企業は国有資本参加企業より株権によるインセンティブという手段を積極的に導入して,大株主利益の最大化を図ろうとする動きが明らかであることである。

注

1 企業統治の研究において,経営業績と報酬・インセンティブとの関連性を動態的視点で分析を行うことは極めて重要である。本章では,静態的視点で単に中国の上場会社における報酬・インセンティブについて考察するもので,動態的視点で報酬・インセンティブと経営業績に関する議論は今後の研究課題として取り上げたい。
2 川井伸一(2003)『中国上場企業——内部者支配のガバナンス』創土社,19-22頁。
3 中国企業における内部者支配に関する議論は,川井(2003)前掲書,8-19頁を参照されたい。
4 馬永斌(2010)『公司治理与股权激励』清华大学出版社,331頁。
5 米沢康博・小西大・芹田敏夫著(2004)『新しい企業金融』有斐閣,188頁。
6 Morgan A. G. and A. B. Poulsen, 2001, "Linking Pay to Performance Compensation Proposals in the S&P500," *Journal of Financial Economics*, 62, pp.489-523.
7 その先駆的な研究として以下のものが挙げられる。Jensen M. and W. Meckling, 1976, "Theory of the Firm: Managerial Behavior, Agency Costs, and Ownership Structure," *Journal of Financial Economics*, 3, pp.305-360.
8 他方,ストック・オプションに対する否定的意見も存在する。伊丹敬之(2000)はストック・オプションを一種のインサイダー取引と見なした上で,ストック・オプションを実施するためには自社株買いが必要であり,そのために多くのコスト負担が発生すると指摘している。詳しくは,伊丹(2000)『日本型コーポレートガバナンス』日本経済新聞社,314-345頁を参照。
9 中井誠(2010)「近年におけるアメリカの役員報酬とコーポレート・ガバナンス改革」『四天王寺大学紀要』第50号,2010年9月,95-100頁。
10 Bebchuk L.A., J. M. Fried, D. I. Walker, 2002, "Managerial Power and Rent Extraction in the Design of Executive Compensation," *University of Chicago Law Review*, 69 (3), pp.751-846. Bebchuk L. A. and J. M. Fried, 2003, "Executive Compensation as an Agency Problem," *Journal of Economic Perpectives*, 17 (3), pp.71-92.
11 周建波・孙菊生(2003)「经营者股权激励的治理效应研究——来自中国上市公司的经验证据」『经济研究』2003年5期,74頁。
12 タワーズワトソン調査による。森・濱田松本法律事務所(編)(2015)『コーポレートガバナンスの新しいスタンダード』日本経済新聞出版社,22頁。
13 中国企業における株式に関わるインセンティブについては,馬永斌(2010)『公司治理与股权激励』清华大学出版社,394-415頁,劉平(2003)「中国企業の経営者報酬制度」『中国研究月報』57 (1) を参照。
14 『公司法』第37条,第99条。
15 『公司法』第46条,第108条。
16 『公司法』第116条。
17 『上場会社企業統治準則』第70条,第71条,第72条。

18 『上場会社企業統治準則』第77条，第78条，第79条。
19 『上場会社企業統治準則』第70条。
20 『上場会社の株権によるインセンティブ管理規則（試行）』第16条，第17条。
21 『上場会社の株権によるインセンティブ管理規則（試行）』第19条。
22 『上場会社の株権によるインセンティブ管理規則（試行）』第11条。
23 『上場会社の株権によるインセンティブ管理規則（試行）』第12条。
24 『上場会社の株権によるインセンティブ管理規則（試行）』第8条。
25 『上場会社の株権によるインセンティブ管理規則（試行）』第9条。
26 『上場会社の株権によるインセンティブ管理規則（試行）』第8条，第28条。
27 『上場会社の株権によるインセンティブ管理規則（試行）』第29条。
28 ここでいう国有持株上場会社は，政府または国有企業が50％以上の株式を所有する上場会社，或いは所有株式の割合が50％未満でも実質支配権の所有または所有する株式で株主総会の決議に重大な影響を与える上場会社である。『国有持株上場会社における株権によるインセンティブ実施の試行規則』第40条。
29 『国有持株上場会社における株権によるインセンティブ実施の試行規則』第5条。
30 『国有持株上場会社における株権によるインセンティブ実施の試行規則』第11条。
31 『国有持株上場会社における株権によるインセンティブ実施の試行規則』第10条。
32 『国有持株上場会社における株権によるインセンティブ実施の試行規則』第6条。
33 『公司法』第216条。
34 『中国薪酬発展報告［2011年］』の統計によると，上場会社2032社のうち，835社の経営陣が株式を持っていない。その割合は41.1％である。つまり，58.9％の上場会社の経営陣は当該会社の株式を持っている。また，上場会社2032社のうち，30社がストック・オプションと譲渡制限株の株権によるインセンティブを実施している。つまり，ごくわずかの会社でストック・オプションと譲渡制限株を実施しているのである。30社以外の会社ではどのような性質の持株であるかは明らかにされていない。劉学民主編（2012）『中国薪酬発展報告［2011］』中国労動社会保障出版社，195-196頁。
35 2001年度は，国家株の株主が経営者に対する株権によるインセンティブの実施を推進した。つまり，国家株の株主が経営者に対して株権によるインセンティブの実施を重要視していたのである。周建波・孫菊生（2003）「经营者股权激励的治理效应研究」によれば，2001年度の「年度報告書」を確認したところ，経営者に対して株権によるインセンティブを実施している会社は34社であることが分かった。そのうち，85％に当たる29社の第1株主は国家株，または国有法人株であった。
36 劉学民（主編）『中国薪酬発展報告［2011年］』中国労动社会保障出版社，179頁。

第6章

国有独資公司における企業統治
~取締役会,監査役会の選出と構成を中心に~

1 はじめに

　中国の国有独資公司は有限責任公司の一種であるが,その企業統治は有限責任公司の企業統治とは根本的に異なる。国有独資公司に対しては,国有資産監督管理機構（国有資産監督管理委員会とも呼ぶ）が出資者として職責を履行するからである。国有資産監督管理機構は2003年に設立された国有資産を監督管理する専門機関である。この国有資産監督管理機構の設立は,政府と企業の行政従属関係をなくし,「委託―代理」の出資関係を基軸にした新たな企業統治制度を構築することを狙いとしている。そして,国有資産の維持,増大を企業目標とする国有独資公司の持続的かつ健全な発展を図るためにも,その企業統治構造が最重要な課題となっている。

　企業統治の意味については広範囲で多様な解釈が存在する。近年,最も有力なものとして,企業と企業を取り囲む多様な利害関係者を重視する議論の展開がある。これらの研究による企業統治に関する理念は,企業統治とは企業と様々な利害関係者との諸問題であるという,つまり,社会における企業の存在価値が求められるところにあるのである。

　加護野（1998）は「ガバナンスとは,経営者の選任権を通じて,経営者の政策策定を牽制することと定義することができる」[1]と指摘し,小佐野（2001）は「コーポレート・ガバナンスは,一般的に企業経営者に対する規律づけ」[2]という考え方を主張した。これらの研究は企業統治を企業組織の内部統治に着目点を置き,企業統治の核心的な課題として経営者の選任とそ

の経営者の行動をいかに監督し，コントロールするかを挙げている。つまり，企業統治の基本構成要素として専門経営者の選出とその権限，専門経営者に対する有効な監督・監視システムの構築を重視することである。

従って，これらの課題を明らかにするために，本章では，現在の国有独資公司の企業統治問題を取締役会，監査役会の選出と構成に焦点を当てて考察したい。その上で，事例分析を行いながらその実態を明らかにするとともに，現在の国有独資公司の企業統治上の問題点を指摘したい。

2　『公司法』からみた国有独資公司の企業統治
　　〜取締役会，監査役会の構成〜

2.1　『公司法』による国有独資公司の定義

『公司法』では，国有独資公司を有限責任公司の一種と見なしながら，その特殊性への配慮から専ら一節を設けて特別に規定している。つまり，『公司法』は国有独資公司を次のように定めている。「国有独資公司とは，国が単独に出資し，国務院又は地方人民政府が授権した同級人民政府国有資産監督管理委員会が出資者として職責を履行する有限責任公司である」。つまり，国有独資公司は有限責任公司の形態であるが，国が単独に出資すること，国務院又は1つの地方政府の国有資産監督管理機構が出資者として，国または地方政府を代表して職責を履行する，などの重要な特徴をもっている。国有独資公司の概念からも分かるように，個人及び国務院と地方政府以外の如何なる組織も国有独資公司を設立する権利を有していない。

2.2　『公司法』からみた国有独資公司の企業統治構造
　　　〜取締役会，監査役会の構成〜

『公司法』の第66条には，国有独資公司は株主総会を設置せず，国有資産監督管理委員会が株主総会の職権を行使すると定められている。また，公司の重要意思決定である合併，分割，解散，登録資本金の増減及び社債の発行

は国有資産監督管理委員会の決定が必要であるが，それ以外の一部の権限は取締役会に授権し，取締役会は企業の重要事項の決定ができると定めている。但し，重要な国有独資公司の合併，分割，解散，破産申請の場合には国有資産監督管理委員会の審査後，同級の人民政府の許可が必要であるとも定めている。『公司法』によれば，国有資産監督管理委員会は株主会の権限を行使し，一部の権限を取締役会に委譲することを認めている。しかし，国有資産監督管理委員会は株主総会のように意思決定の全ての権限を行使できる最高意思決定機関とはいえない。特に，重要な国有資産の変動に関わる意思決定は同級人民政府の許可が必要であるということも注目すべきである。

『公司法』の第67条によれば，国有独資公司は取締役会を設置し，取締役会の構成員は国有資産監督管理委員会が派遣すると定めている。また，代表取締役，副代表取締役は国有資産監督管理委員会が取締役会の構成員から指名する。これ以外に，取締役会の構成員として従業員代表大会から選出された従業員代表を含むことも定められている（図表6-1を参照）。

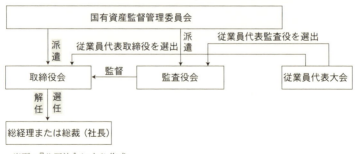

図表6-1　国有独資公司の取締役，監査役の選出プロセス

出所：『公司法』により作成。

監査役会について，『公司法』の第70条は次のように定めている。国有独資公司の監査役会の構成員は5人を下回ってはならない。そのうち，従業員を代表する監査役の比率は3分の1を下回ってはならない。具体的な比例は公司定款で規定する。監査役会の構成員は国有資産監督管理委員会が派遣する（図表6-1を参照）。但し，監査役会構成員の中の従業員代表は公司従

員代表大会の選挙によって選出する。監査役会主席は国有資産監督管理委員会が監査役会の構成員の中から指名する。また，監査役会の職権として会計監査と業務監査を挙げている。

　国有独資公司は「投資主体単一」による所有権の行使と責任の「単一明確化」を図るために，従来の複数の政府部門が国有企業の所有権を行使したこととは異なり，1つの国有資産監督管理委員会が所有権を行使し，国有資産の維持と増大の全ての責任を負うことになっている。

　国有独資公司は意思決定機関である取締役会と監督機関である監査役会を設けている。国有資産監督管理委員会は出資者として取締役会と監査役会に構成員を派遣し，意思の反映，及び国有資産価値の維持と増大を図っている。さらに，代表取締役，副代表取締役，監査役会主席は構成員の中から国有資産監督管理委員会が指名している。つまり，意思決定機関である取締役会と監督機関である監査役会の主要な人事任命権は，国有資産監督管理委員会が重要な意思決定権として掌握しているのである[3]。

　また，国有独資公司は監査役会の監督機能を極めて重要視していることが伺える。取締役会の最少人数は定められていないが，監査役会の最少人数は明確に定められている。国有資産の維持と増大には強力な監督管理が必要不可欠であると考えているからと思われる。その重要な背景の1つに，従来の国有企業における「内部者支配」を回避することが考えられる。

3　国有資産監督管理委員会，国有独資公司と企業統治

3.1　国有資産監督管理委員会の設立の背景

　中国の国有独資公司には2つのパターンがある。国務院国有資産監督管理委員会の傘下に置かれる国有独資公司と各級地方国有資産監督管理委員会の傘下に置かれる国有独資公司である。国務院国有資産監督管理委員会は国民経済への命脈と国家安全に大きく関わる大型国有企業を管理する。一方，その他の国有資産は各級地方国有資産監督管理委員会が管理を行う。国有資産

の性質によって，中央と地方政府が管轄する国有資産は異なり，国有資産出資者として権限が区別され，所有者としての権益の享受が明確化されているのである。

国有資産監督管理委員会の設立は国有企業改革とも密接な関係がある。金山権（2006）が「中国の国有企業の改革の重点は国有企業自身の改革から政府による国有資産管理体制の改革への転換」と指摘したように[4]，中国の国有企業改革においては，次の2つの重要な課題が挙げられる。その1つは，行政メカニズムの役割，つまり所有権と経営権の分離である。もう1つは，国有資産の維持と増大メカニズムの構築，つまり政府における国有資産の管理体制の構築である。この2つの課題を基軸とし，国有企業改革は試行錯誤を重ねながら国有企業内部の統治規範化・法制化が進んできたのである。

国有企業改革の1978～1992年までの段階は，主に行政メカニズムの役割に重点が置かれたともいえる。行政メカニズムの役割とは，政府と国有企業との自主経営権と利益分配関係の調整である。1979年の「国営工業企業の経営管理自主権拡大に関する若干規定」，1984年の「国営工業企業の経営管理自主権の更なる拡大に関する暫定規定」，1988年の「全民所有制企業の請負経営責任制の暫定条例」，「中華人民共和国全民所有制工業企業法」などが放権譲利，利改税，請負など行政メカニズム役割の改革に関するものであった。

一方，国有企業の所有権と経営権の分離を図る行政メカニズムの改革によって，「内部者支配」の問題が生じてきた。つまり，経営者の国有資産の受益権の侵害による所有権の「有名無実化」の国有資産流失などの問題である。これは国有企業出資者制度の未構築問題と大きく関連していると考えられる。国有資産の所有権が政府にありながら，経営者の経営権或いは法人財産権の掌握による過大な国有資産収益権のコントロールの問題が生じたのである[5]。経営陣の不正行為などによる国有資産流失の防止のため，1988年5月，中国政府は国務院直轄機構である国家国有資産管理局を設立し，当年9月に各省市に国有資産管理局を設立した。これは，国有資産管理体制改革の重要な一歩であり，政府の経済管理職能と国有資産所有者の機能の分離を図

る新しい試みの開始を意味している[6]。

1992年7月に国務院が発布した「全民所有制工業企業の経営メカニズム転換の条例」では「政府と企業の職責分離を堅持し、国家が企業の財産権に対する所有権を保証し、企業財産の維持・増大を実現する。」と指摘した。従来の行政メカニズム役割の改革と同時に、企業財産の維持・増大も重視するようになったのである。また、1993年11月に中国共産党第14期3中全会で通過した「社会主義市場経済体制の構築に関する若干の問題の決定」では、国有企業は国有資産の維持と増大に責任を持つ法人であると明確に定めた。さらに、1993年12月の『中華人民共和国公司法』は「国家は出資者としてその他出資者と同様に、法に沿って資産収益を享受し、国家授権投資機構または国家授権部門は法律・行政法規に沿って、国有独資企業の国有資産に対し監督管理を実施する。」と指摘した。ここで、指摘している国家授権部門は国有資産管理局のことであり、国有資産管理局は国有資産に対し監督管理義務と責任を持つということである。

しかし、国有独資公司に対する出資者権利は国有資産管理局に「単一集中」したわけではない。この国有独資公司の出資者権利は国有資産管理局以外にも、財政部、大型企業工作委員会（企業工委）、経済貿易委員会（経貿委）、計画委員会（計画委）、中央組織部（中組部）などの部門が分散して担当した。国有資産の資産権の方は財政部管轄、投資権は計画委員会が管轄、日常経営は経済貿易委員会、人事権は中組部と企業工委に分散していた。このような多方面からの管理によって、真の「国有資産出資者の不在」が生じて、国有資産監督職能の分散、権利・義務・責任間の不統一の諸問題が生じており、国有資産の維持と増大の実現が極めて難しい状況となったのである[7]。

2002年の中国共産党第16期全国代表大会で「国有資産管理体制の改革は、経済の体制改革を一層深化させるための重要な任務である。そのため国家は法律法規を制定し、中央政府と地方政府はそれぞれ国家を代表して出資者職責を履行し、所有者権益、権利を享受し、義務と責任を統一する。合わせて資産管理と人事管理、業務管理を結合した国有資産管理体制を構築す

る。」と明確に義務と責任の統一,資産管理と人事管理,業務管理を結合した国有資産監督管理体制の構築の重要性を強調しその意義を指摘したのである。そして,2003年3月に国務院は国有資産監督管理委員会を設立し,政府の代わりに出資者の役割を果たさせることにしたのである。従来の国有企業に対する多方面における国有資産所有者の権力行使体制から「単一集中」した国有資産監督管理委員会（以下,国資委と省略）の監督管理体制に転換したのである。このことにより,国務院を始め各省などの1級行政レベルと地方市などの2級行政レベルの地方人民政府は相次ぎ国資委を設立し,各級国資委は同級人民政府から授権され,同級人民政府が出資した出資企業に対し政府の代わりに出資者の職責を履行することになったのである。

　2003年5月,国務院は「企業の国有資産監督管理暫定条例」を発布し,国資委の職責を企業の国有資産管理,出資者として企業の国有資産経営者の派遣管理,国有資産の維持と増大管理の3つの管理業務にまとめた。つまり,国資委の設立の国有資産管理体制の改革は,政府と企業における「三分離」,出資者と企業における「三統一」,「三結合」を構築したのである[8]。

3.2　国有独資公司の取締役会,監査役会の構成
　　〜国資委との関連性〜

　企業統治において,最も重要と思われるのは取締役会,監査役会システムとその役割である。中国の『公司法』では株主総会,取締役会,経営陣,監査役会によるそれぞれの所有権,意思決定権,経営執行権,監督権行使などを明確に区分している。同時に,『公司法』は国有独資公司に対して,取締役会と監査役会の設置を求めている[9]。

　国有独資公司の取締役会の権限は有限責任公司より大きく,国有資産監督管理委員会の授権により,株主会の職権の一部を行使できるものとなっている。つまり,国有独資公司の取締役会は会社の経営方針,投資計画（合併,分割,解散を除く）,年度財務予算案と決算案を作成することだけではなく,審議し承認するなど公司の重大事項を決定することができる。国資委は国有独資公司の取締役会に株主会の職権の一部を行使させると同時に,取締

役会の構成員の任命権も強く掌握している。ところで，国有独資公司の取締役会の構成員は2つのパターンで構成されている。つまり，出資者である国資委から派遣された構成員と従業員代表大会で選出された構成員である。さらに，代表取締役と副代表取締役は取締役会での選出ではなく，国資委が指名することになっている。企業統治構造からみると，国資委は国有独資公司の所有者として株主権利を行使し，公司の重要人事，重要な意思決定，利潤分配権の決定権を所有することは当然であると考えられるが，取締役会の構成員の派遣，代表取締役と副代表取締役の任命など，人事に関しても極めて強い影響を持ち，「人的支配」を通じて国有独資公司のコントロールを図ろうとすることが分かる。また，「国有独資公司の取締役会試点企業外部取締役管理方法（試行）」によれば，中央企業の取締役会において，社外取締役制度を導入することや従来の国有企業の幹部任命の行政化とは異なる意思決定能力を持つ専門家を取締役会に派遣することなども定められている。特に，注意すべきところは中国共産党第15期4中全会（1999年）において，国有独資公司及び国有持株会社では党委書記が代表取締役を兼任可能であるとした点である。つまり，国有独資公司及び国有持株会社において，代表取締役は専門知識を持つ企業家としての能力と党委書記としての政治家の資質を同時に求められているのである。これによって，国有独資企業及び国有持株会社に対する党委書記の権限を強化し，党の影響力を拡大するのが目的だと考えられる。

　興味深いのは従業員代表の取締役会への参加についてである。従業員代表による意思決定機関である取締役会への参加は従業員権益の保護のためであることには間違いない。従業員の国有企業の経営への参加は1988年の『中華人民共和国全民所有制工業企業法』（以下：『企業法』と略称）に遡る。『企業法』は工場長責任制を確立し，工場長の選出を次の2つの方法で求めた。1つは政府主管部門の委任または招聘により選出する方法，もう1つは従業員代表大会での選出である。政府主管部門から選出された工場長は政府主管部門で免職・解任が行われ，従業員代表の意見も求められる。他方，従業員代表大会で選出された工場長は従業員代表大会で罷免が行われ，政府主

管部門に報告して許可を得る仕組みである。このように『企業法』によれば，従業員は企業の経営責任者である工場長の選出に大きな影響力を持っていることが分かる。つまり，国有企業経営において，法律制度として従業員の企業経営への民主的参加を求めると同時に，従業員代表大会の発揮を極めて重要視していることが伺えるのである。

　2006 年から実施された『公司法』では，国有独資公司において従業員代表の取締役会への参加を定めたものの，従業員代表の役割，目的，意義などについては定めていない。しかし，2006 年 3 月の国務院の「国有独資公司取締役会試点企業従業員取締役管理方法（試行）」の通達から，国務院国有資産監督管理委員会の傘下にある国有独資公司の従業員代表取締役の役割を次のようにまとめることができる。① 従業員代表取締役は従業員を代表し，取締役会に参加して職権を行使する。従業員代表取締役は公司の他の取締役と同等の権利を享受し，相応の義務を負う。② 取締役会における会社の重大な問題の協議・決定において，従業員代表取締役は意見を述べる際に，出資者，公司と従業員の利益関係を充分に考慮しなければならない。③ 取締役会において，従業員の密接な利益と関わる問題を協議・決定する際に，従業員代表取締役は事前に公司の工会（日本語訳：労働組合）と従業員の意見を聴取し，それを全面的且つ正確に報告し，従業員の合法的権益を守らなければならない。④ 取締役会で生産・経営に関わる重要問題，重要な規則制度の制定を協議・決定する際に，従業員代表取締役は公司の工会と従業員の意見・提案を聴取し，取締役会に報告しなければならない。他方，その責任として，① 従業員代表取締役は定期的に従業員代表大会或いは従業員大会で従業員代表取締役の職責履行状況を報告し，監督，質問，考課を受けること，② 取締役会の決議が法律，行政法規或いは公司定款に違反し，公司が深刻な損失を受けた場合，決議に参加した従業員代表取締役は関連の法律法規と会社定款の規定に沿って，賠償責任を負うこと，③ 従業員代表大会または従業員大会で報告を怠ったり，取締役会に 2 回連続欠席または不委任を出したりした場合には罷免されることもできる，と定められている。

　以上のように，従業員代表取締役は国資委から派遣された取締役と同等の

権利を享受しているが，特に従業員の意見・提案を聴取し，それを取締役会に報告するなど従業員の代弁者として，企業経営への参加よりも従業員の権益を守ることに最大の役割が置かれていると思われる。但し，従業員の権益を守るにしても，出資者である国資委，公司との利益関係を充分に考慮することも同時に求められている。つまり，従業員代表取締役は従業員代表者として，従業員の権益を守ることの前提として，従業員権益のみを考えるのではなく，国資委と公司の利益も考えることが求められているのである。また，従業員代表取締役は従業員の権益を守るのが最大の役目とはいえ，その責任は，従業員の権益に留まらず，企業経営に関する重要な責任をも追及されるなど極めて厳しい責任が負わされていることも分かる。

図表 6-2 は，国務院国資委の管轄にある中央管轄独資公司の従業員代表取締役の選出プロセスである。従業員代表取締役の選出は従業員の民主選挙によって選出されていることが明らかである。しかし，この従業員代表取締役には候補者に確定された後，選挙を行う前に候補者について公司党委（党組）による国務院国資委の同意を得ることも求められている。つまり，従業員の民主的選出によって選ばれたとしても国資委の同意を得ていない場合は従業員代表取締役になれないということなのである。つまり，国資委は，間接的に従業員代表取締役の選出にも関わっていることが分かる。

図表 6-2 従業員代表取締役の選出プロセス

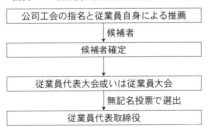

3.3　国有独資公司に対する監督管理の変遷

国有企業に対する監督管理制度は 1998 年にまで遡る。その監督管理制度の変遷は内容によって大きく次の 3 つの段階に分けられる。

第1段階は1998年から1999年末までで，監督管理を行う部門は常設機関ではなく，主要人員を派遣し調査グループを形成して監督管理を行う方法であった。主な監督管理内容は財務に関するものであった。具体的にいえば，経済と工業部門から副部級（日本語訳：副大臣級）の幹部を選抜し，調査特派員として派遣する。調査特派員1人に4～5名の助手を配置し，国有重点大型企業に派遣して，国有資産の維持と増大に対し監督管理を行う[10]。この段階の主な特徴は上級行政部門からの派遣による短期間の集中監督業務であった。

　第2段階は2000年3月から2003年の国資委の設立までの段階である。この段階に制定された主な法規法令として1999年の「中共中央が国有企業改革と発展に関する若干重大問題の決定」と2000年3月の国務院による「国有企業監査役会暫定条例」が挙げられる。その主な内容は，調査特派員制度を企業内部における監査役会の設置に転換したことと財務監査をメインとしながら業務監査も行うことであった。具体的にいえば，調査特派員を監査役会の主席に，助手は専職監査役となって1つのグループ（監査役会主席1名，専門監査役4名）を結成し，1つのグループが3～4社の監査役会を担当するものである。そして3～4社の企業に対し監督を行い，毎年各社の監督監査報告書を国務院に提出するのである[11]。この段階の主な特徴は国務院から派遣された人員で監査役会を設けることと1つの監査役会グループが複数の国有重点大型企業に対し監査を行うことである。

　第3段階は，2003年の国資委の設立から現在までの段階である。この段階で監査役会に対する業務は国務院から国資委に移行されている。2006年の国資委が発布した「国有企業監査役会の業務の強化と改善に関する若干意見」により監査方法も大きく変わったのである。つまり，2007年から従来の当該年に前年の内容の検査から当該年に当該年状況の検査に調整し，次年度の上半期に年度監査報告書を提出するのである。日常の監督と現場監査に重点を置いたのが，この段階の最も大きな特徴であった。

　ところで，国有独資公司の監査役会の構成員は取締役会と同様に国資委の派遣と従業員代表によって構成される。中国政府は監査役会の従業員代表選

出に関する法律・法規，規定をまだ正式に出していない。しかし，各省，直轄市，自治区などは独自に従業員代表監査役に関する規定を制定している。その選出プロセスをみると基本的に従業員代表取締役の選出と同様である。監査役会の構成員の人事に関しても国資委は強力な権限を掌握しているのである。つまり，国有独資公司は所有者である国資委の監督に重点を置き，国資委の監査が主なるものである。

　『公司法』では，国有独資公司の監査役会の構成員が5名以上で，そのうち従業員代表監査役が3分の1を下回ってはならないと規定している。国有独資公司の企業統治において，中国政府は企業監督の有効な手段の1つとして従業員代表の役割に大いに期待していることが伺える。この国有独資公司の監査役会の主たる権限は会計監査と業務監査である。従業員代表大会或いは従業員大会で選出された従業員代表監査役は会計，業務に関する専門知識に必ずしも精通しているとは限らない。むしろ，従業員代表監査役に期待する役割は従業員の合法的な権益の保護であると思われる。従業員は生産現場で働く労働者の一員として，生産活動，消費市場などに直接に携わり，従業員の生活を理解できるなど豊富で多種多様な情報を把握している。従業員代表が持っているこのような豊富な情報ネットワークは，従業員代表が監査役会に参加することによって，従業員の権益の保護に有効に生かされることが期待されているのである。

　『公司法』で定められているように，国有独資公司の取締役会と監査役会には従業員代表が含まれなければならない。これは大企業において取締役会と監査役会に従業員代表の参加を求めるドイツやフランスの方式と同様である。

3.4　国資委による国有独資公司に対する企業統治構造

　国資委を設立する主な目的は国有独資公司に対する管理監督を強化し，国有資産の流失防止を図ることである。国有独資企業における国有資産流失防止のため，中国政府は出資者制度によって3階層の企業統治を構築していることが分かる[12]（図表6-3参照）。

図表 6-3　出資者制度による国有資産管理の 3 階層

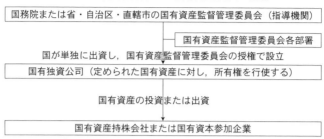

（自主経営，国有資産の維持・増大の任務を果たす）

出所：金山権（2006），及び現地調査により作成。

　第 1 階層は国務院国有資産監督管理委員会或いは各級省・直轄市・自治区の地方国有資産監督管理委員会である。これらの国資委は国または地方人民政府を代表して国有資産の所有者となり，最終的に国有資産所有権と監督権を行使する。国資委は経営職能を果たす経済組織でもなく，企業形態でもない。国資委は国有資産の維持と増大のための意思決定と指導を行う政府機関なのである。

　第 2 階層は国有資産経営公司の設立によるものである。一般的に国有資産経営公司は国有独資公司の形態をとる。国有独資公司は企業法人であり，政府機関である国資委の委託を受け，国有資産運営組織として明確に定められた範囲内の国有資産に対し具体的に経営権と監督権を行使し，国有資産の維持と増大に責任を負う。つまり，政府から授権された範囲内での国有資産に対し，出資者の所有権を行使するものである。国有独資経営公司は国有持株公司，国家投資公司，企業集団公司などの組織形態をとっている。

　第 3 階層は国有資産の持株会社及び国有資産を出資して設立された企業である。これらの企業は具体的に法人財産権を有し，国有資産流失防止の責任を負い，国有資産の増大の任務を果たす。

　上述したように，最上階層に置かれているのは国資委である。そして国資委には主要職責によってそれぞれの部署が設けられている。北京市国有資産監督管理委員会の場合は，弁公室，政策法規処，企画発展処，企業改革処，企業改組処（北京市企業合併破産と従業員再就職工作弁公室），業績考課

処，統計評価処，所有権管理処，国有資本経営予算処，総合処，監査工作処，董事会工作処，監事会工作処，企業指導人員管理一処，企業指導人員管理二処，党工作処（党委組織部，党委統戦部），宣伝工作処（党委宣伝処），陳情工作処，研究室，人事処，機関党委（工会），定年退職幹部処，紀委（監察処）の23に及ぶ部署が設けられている。上海市の場合は22の部署，深圳市の場合は11の部署が設けられ，地域ごとに部署の名称と数は多少異なるものの，基本的に日常運営業務と連絡業務に携わる部署，国有資産または国有企業に関する法規の起草・制定などの法律業務に携わる部署，国有資産の管理監督及び業務に携わる部署，管理監督を行う企業の重要な意思決定，企業責任者の任命提案と取締役・監査役の推薦，企業の経営業績及び企業責任者に対する考課などに携わる部署，党の建設に携わる部署などで構成されている。国資委の主な任務は国有資産の維持と増大である。設立された機構の役割から国資委は次の4つの手段を用いて国有資産の維持と増大の実現を図ろうとしていることが分かる。① 法律・法規の起草制定，② 監督管理する企業に対する経営業績考課，③ 監督管理する企業責任者の任命，④ 共産党の指導の強化。また，国資委の内部には共産党紀律検査委員会（監査処）という部署が設けられ，党の紀律検査委員会と検察局の派遣人員から構成された人員で国資委の重大な違法，違紀及び重大な国有資産流失案件の検査処理を行ったり，国資委の査察中心業務を指導したり，等々で国資委に対する管理監督体制を構築している。

　国資委による国有資産に関する企業統治において最も重要と思われるのは第2階層ともいえる。重要な国有資産の経営管理を行う主体は実際に第2階層なのである。第2階層は国資委の授権で設立された国有独資公司形態である。上海の場合，上海市国資委が直接監督管理する国有独資公司は40社余りに上っている。国有独資公司は独立した企業法人であり，国資委と国有独資公司は「委託—代理」の関係ともいえる。国資委は国有独資公司に国有資産所有権を委託する。国有独資公司は市場原理に基づいて，国有資産の維持と増大のために，国有資産を出資または投資し国有資産の持株会社または国有資本の参加企業を形成する。さらに，国有独資公司は所属する国資委の監

督・管理を受け，国資委に対し責任を負う。金山権（2006）の現地調査で明らかにされたように[13]，深圳市では産業別に国有独資公司が設立されているが，上海市では元主管局をベースに国有独資公司が設立されたり，国有資産の企業集団の親会社が国有独資公司になったりなど，地域によって第2階層における国有独資公司の主体は必ずしも同じではない。

　次の第3階層は国有独資公司が国有資産を出資または投資して設立した企業である。これらの企業は独立した企業法人財産権を有し，自主経営・独立採算を行う。国有独資企業はこれらの企業への出資比率に沿って取締役会や監査役会に人員を派遣するなど人事管理，重要な意思決定，収益管理などに関与する。但し，国資委は国有独資企業が出資または投資した子会社の企業経営には基本的に関与しない構図になっている。これらの子会社は直接親会社である国有独資公司に対して，責任を負い，国有独資公司の監督・管理を受ける。さらに，その子会社が国有資産を投入して「孫会社」を設置し，その「孫会社」が「ひ孫会社」を設置するように連鎖的に企業集団を形成する場合も多い。「孫会社」は「子会社」に対し，「ひ孫会社」は「孫会社」に対し責任を負い，それぞれの監督・管理を受ける。つまり，国有資本参加の企業であっても国資委からの直接な監督・管理を受けることではなく，出資元の企業の監督・管理を受けるということである。しかし，国資委は最上段にある国有独資公司の最終所有者として，国有独資公司の重要な経営戦略や重要人員の任免に関して決定権を有するのである。

　上述の国資委による3段階の企業統治は，政府の役割を公共管理職能に限定し，国有資産出資者職能の役割を国資委に委託して，国資委に国有資産に対する権利・義務・責任を統一したことで大きな進展が認められるものである。また，従来の単純な行政上の政府と企業間の委託―代理関係から国有独資企業を通じた企業間の委託―代理関係が形成されたことを意味する[14]。

　国有独資公司は国有企業の公司化への改革過程で生み出された企業形態である。国有企業の公司化改革の重要な目的の1つは，政府による企業の直接関与を回避し，「政企分離」を実現することであった。つまり，国有独資公司に対し国資委が唯一の出資者として株主の職責を行使する。国資委は国有

資産の持株会社及び国有資本参加のすべての企業を管理監督することではなく，その上層部にある国有独資公司を確実にコントロールすることで，国有資産の維持と増大を図っているのである。つまり，「頭部」をコントロールすることで「体全身」に影響を与えるともいえる。また，国資委は国務院，又は地方人民政府の授権により出資者の職責を行使する。このような構図からも分かるように，国資委は依然として政府管理者の立場にあり，政府管理者による企業の経営管理への関与が充分に考えられるものである。

4　国有独資公司の企業統治
　　～上海華誼（集団）公司の事例分析～

4.1　上海華誼（集団）公司の改革プロセス

　上海市は国有資産が最も集中している地域の1つで，上海市国有資産監督管理委員会（以下：上海国資委と略称）の総資産は7000億元に上るといわれる。上海華誼（集団）公司の前身は上海市化学工業局である。上海市の業務主管局制度の集団化への改編によって，上海市化学工業局が1995年12月に上海化工ホールディング（集団）公司に再編され，1996年11月に上海医薬局と合併して上海華誼（集団）公司となったのである[15]。

　この上海華誼（集団）公司はグループ企業であり，上海市国資委が授権した国有独資公司である。上海市人民政府が上海市国有資産代表者である上海市国資委にその管理・監督権限を委託する。そして，上海市国資委が一部の国有資産経営権を上海華誼（集団）公司に委託する。上海華誼（集団）公司は国有資産の運営・投資と財産権の運営に責任を負う。つまり，上海市国資委は上海華誼（集団）公司の所有権の代表者で，上海市国資委は上海華誼（集団）公司の所有権管理と『公司法』の規定によって株主権利を行使するのである。このように，上海市人民政府，上海市国資委，上海華誼（集団）公司は「委託―委託―代理」の関係であることがわかる。上海市国資委は出資者として『公司法』に規定されているように，上海華誼（集団）公司の取

締役会と監査役会に構成員を派遣し，代表取締役を任命するのである。

　また，毎年の予算は上海華誼（集団）公司によって編成されるが，上海市国資委の審査を受ける必要がある。上海市国資委は上海華誼（集団）公司に年生産高増加率8％以上，年利潤増加率10％以上を保つことを求めており，利潤の50％を上納しなければならない[16]。つまり，上海市国資委は上海華誼（集団）公司に国有資産の価値の維持と増大の目標を下達する仕組みなのである。

　一方，代表取締役は上海華誼（集団）公司の法人代表者であり，その任務として次のものが挙げられる[17]。① 上海市国資委から委託された国有資産価値の維持と増大，② 置かれた業界の発展とその企画，③ 従業員の雇用安定，生産向上，持続的な発展を図ると同時に社会的責任の徹底的な堅持・貫徹，などである。以上の3つの任務の中で，最も重要と思われるのが国有資産の維持と増大である。上海市国資委は毎年生産高，利潤額など多方面において代表取締役の任務達成度を審査・考課するのである。国資委は管轄にある国有独資公司の業績考課を行い，業績考課に基づいて国有独資企業の幹部の昇級，降格を行うことが一般的である。例えば，国資委から国有独資公司の代表取締役に任命され，業績が優れた場合，主管部門または政府機関の幹部に登用されることは稀なことではない。

　上述した上海華誼（集団）公司は国有独資公司であり，上海市国資委が出資者として職責を履行する。つまり，上海市国資委が上海華誼（集団）公司を監督・管理するのである。上海華誼（集団）公司は上海市国資委から授権された国有資産に対し具体的に経営権と監督権を行使し，国有資産の維持と増大に対し責任を負う。さらに，上海華誼（集団）公司は授権された国有資産を持って出資，投資して子会社を形成する。例えば，上海華誼（集団）公司の直接傘下（2級レベル企業）には22の（研究所を含む）子会社がある。上海華誼（集団）公司の直接傘下（2級レベル企業）には，100％出資の独資企業，投資多様化企業，委託経営を行う研究所の3つのタイプがある[18]。また，上海華誼（集団）公司の100％出資の独資企業は規模別に資本金1000～数千万元の企業と資本金数億元～数十億元の企業があるが，その企業統治構

造は異なっている。資本金1000～数千万元の企業の場合，取締役会と監査役会は設けずに，執行取締役と執行監査役を上海華誼（集団）公司から派遣するのである。資本金数億元～十数億元の企業の場合には取締役会と監査役会を設け，その構成員を上海華誼（集団）公司から派遣すると同時に，従業員代表と社外取締役と社外監査役が加わる。投資多様化企業には持株比率によって取締役会と監査役会に構成員を派遣する。また，研究所の委託経営がある。つまり，研究所の財政は国家財政部が支出し，研究所の経営者を上海華誼（集団）公司から派遣して委託経営を行うという仕組みである。

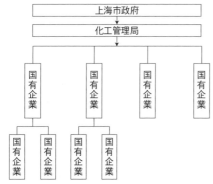

図表6-4　上海華誼集団前身の企業統治

出所：2009年3月に実施された社内インタビューにより作成。

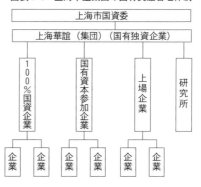

図表6-5　上海華誼集団の国有資産管理体制

出所：2009年3月に実施された社内インタビューにより作成。

4.2　上海華誼（集団）公司の取締役会，監査役会の構成

上海華誼（集団）公司の取締役会の権限は次の通りである[19]。①市国資委及び政府関連部門の決議・決定を徹底的に実行する，②（集団）公司の発展計画，戦略及び年度経営計画を審査決定し，重要なプロジェクトに対し投資意思決定を行う，③（集団）公司の年度財務予算案，決算案を審査決定する，④（集団）公司及び独資子会社の所有権譲渡案を決定する，⑤（集団）公司の利益分配案と損失補填案を決定する，⑥（集団）公司の登録資本の増加又は削減案を決定する，⑦独資子会社及び他の事業部門との合併，分割，

（集団）公司形態の変更，解散案を決定する，⑧（集団）公司の総裁（総経理）を選任又は解任し，総裁の指名により副総裁，財務責任者の選任又は解任及びその報酬を定める，⑨（集団）公司の管理組織の設置を決定し，基本的管理制度を定める，⑩独資子会社の資産経営方式を決定する，⑪独資子会社の取締役会の構成員を決定し，代表取締役を派遣する，⑫持株会社，国有資本参加企業に対し，その取締役会への構成員の推薦を決定する。以上のように，上海華誼（集団）公司の取締役会は株主会の一部の権限を含む幅広い権限が行使できることが分かる。つまり，経営活動において，公司の発展計画，戦略などの経営方針や重要なプロジェクトの投資意思決定などの投資計画を決定し，公司の年度財務予算案，決算案，利益分配案などを審議・決定することができるのである。また，上海市国資委が上海華誼（集団）公司に委託した国有資産を投資，出資して設立された子会社については，上海市国資委は基本的には経営管理に関与せず，上海華誼（集団）公司が全ての職権を行使していることが分かる。例えば，独資子会社の重要事項である所有権譲渡案，合併・分割，資産経営方式の決定などは上海華誼（集団）公司が決定するのである。また，独資子会社の取締役会の構成員は上海華誼（集団）公司が決定し，代表取締役を派遣する。一方，持株会社，上海華誼（集団）公司の国有資本参加企業に対しても，上海華誼（集団）公司はその取締役会の構成員の推薦を決定する権限を持っている。

　これ以外に，上海華誼（集団）公司の取締役会は上海市国資委及び政府関連部門の決議・決定を徹底的に実行することが求められている。これは経営活動に関連するものだけではなく，全ての案件の決議・決定の徹底的な実施を意味している。

　図表6-6は上海華誼（集団）公司の取締役についての基本状況である。上海華誼（集団）公司の取締役会の構成員は5名（6名であったが，1名は2009年より辞退している）である。取締役会の構成をみると，2名の取締役は上海市国資委から派遣されたもので，2名は外部取締役（社外取締役），1名は従業員代表取締役と思われる。代表取締役と取締役兼総裁は上海市国資委から派遣されている。代表取締役は上海華誼（集団）公司の共産党委書記

4　国有独資公司の企業統治　181

で，取締役兼総裁（総裁の日本語訳：社長）は上海華誼（集団）公司の共産党委副書記である。従業員代表としての1名の取締役は上海華誼（集団）の工会（労働組合）幹部である。こうした構成は一般的なパターンであると考えられる。2名の外部取締役の出身経歴をみると，2人とも国有企業の経営者または元経営者である。取締役会の構成員全員は共産党党員である。国有独資公司である上海華誼（集団）公司の取締役会の構成は上海市国資委からの派遣，外部取締役，従業員代表取締役の3つの方面から構成されていることが分かる。代表取締役は上海華誼（集団）公司の企業内共産党トップである党委書記が兼任している。また，外部取締役は他の国有企業の経営者が選

図表6-6　上海華誼（集団）公司の取締役の基本状況

（2009年末現在）

構成	氏名	出生年月	学歴	専門資格	政治状況	現職	委任日期	出身
代表取締役	○○○（男）	1950.8	修士	高級経済師	共産党員	上海華誼（集団）公司党委書記	2007.9	上海市国資委から派遣
取締役兼総裁	○○○（男）	1965.5	修士	高級経済師（教授レベル）	共産党員	・上海華誼（集団）公司党委副書記 ・上海氯碱化工株式有限公司代表取締役 ・上海化学工業区発展有限公司代表取締役 ・双銭集団株式有限公司代表取締役	2007.9	上海市国資委から派遣
取締役	○○○（男）	1959.10	大学	高級経済師 高級政工師	共産党員	上海市化工工会（労働組合）主席	2008.5	上海華誼（集団）公司工会（労働組合）幹部
社外取締役	○○○（男）	1951.3	修士（経営学）	－	共産党員	上海工業投資公司副総裁	2006.3	
社外取締役	○○○（男）	1932.12	大学	高級会計師	共産党員			元浦東発展銀行頭取
社外取締役	○○○（男）	1959.4	大学	高級経済師	共産党員	工商銀行上海支店副頭取 2009より辞退	2003.2	

出所：各種資料により作成。

出されている。つまり，外部取締役は民間からの選出ではなく，同じ所有形態である国有企業からの選出である。この取締役会の構成からも分かるように，国有独資公司において，党の役割は企業の意思決定に重要な位置を占め，党の位置が依然として高いことが明らかに伺えるのである。

次に，上海華誼（集団）公司の監査役会について考察したい。上海華誼（集団）公司の監査役会の権限は次のように定められている[20]。①（集団）公司の財務状況の検査，②（集団）公司の取締役，総裁に対し，（集団）公司の職務執行の際に，法律・法規或いは公司定款の違法行為をチェックする，③ 取締役と総裁の行為が（集団）公司の利益に損害を与える場合，取締役或いは総裁に対し是正を要求する，④ 臨時取締役会の招集を提案，⑤ 取締役会会議に列席する。つまり，上海華誼（集団）公司の監査役会の権限は会計監査と業務監査であることが分かる。また，監査役は取締役会会議に列席し，臨時取締役会の招集を提案，取締役と総裁が会社の利益に損害を与える場合には是正を要求することができる。即ち，国有独資公司の監査役会には上場会社の監査役会と同様に，取締役会の監督機能のみが考えられ，その取締役会の構成員の選任，解任の権限は持っていないのである。

図表6-7は上海華誼（集団）公司の監査役会の構成である。上海華誼（集団）公司の監査役会の構成は2名である。『公司法』では「国有独資公司の監査役会の構成員は5名を下回らなければならない」と定められているが，上海華誼（集団）公司の監査役会の構成員は5名を大幅に下回る2名である（その理由については不明）。また，監査役会の構成をみると，上海市国資委から派遣された監査役会主席と従業員代表監査役で構成されている。上海市国資委から派遣された監査役会主席は上海華誼（集団）公司の党紀律委員会書記（共産党紀律委員会トップ）で，上海華誼（集団）公司の子会社及び持株会社3社の監査役会主席を兼任している。従業員代表監査役は元工会副主席であり，上海華誼（集団）公司の子会社の党委書記，代表取締役を兼任している。監査役2人とも共産党員である。

上海華誼（集団）公司の代表取締役は党委書記を兼任し，監査役会主席は党紀律委員会書記を兼任している。つまり，党紀律委員会書記は監査役会主

図表 6-7 上海華誼（集団）公司の監査役の基本状況

(2009 年末現在)

構成 （2名）	氏名	出生 年月	学歴	専門 資格	政治 状況	委任 日期	現職	選出プロセス
監査役会主席 （党紀律委員会）	○○○ （男）	1950.2	修士 (MBA)	経済師	共産 党員	2001.4	・上海華誼（集団）公司党紀律委員会書記 ・上海華誼（集団）公司本部党委書記 ・上海天原集団有限公司監査役会主席 ・上海氯碱化工株式有限公司監査役会主席 ・上海三愛富新材料株式有限公司監査役会主席	上海華誼（集団）公司の共産党紀律委員会から選出
監査役 （従業員代表）	○○○ （男）	1954.6	修士 (MBA)	高級政工師	共産 党員	2001.2	・上海塗料有限公司党委書記，代表取締役 （前職：工会副主席）」	上海華誼集団人力資源部が推薦，上海国資委が審査，許可

出所：各種資料により作成。

席として，代表取締役である党委書記を監督管理する構図になっている。一般的に，党紀律委員会は党委員会の党の政策の実施，腐敗を監督管理する機関であるが，国有独資公司では経営管理においても党紀律委員会が監督管理役割を果たしていることが分かる。

5 おわりに

これまで，中国の国有独資公司の企業統治を取締役会と監査役会のそれぞれの機能と構成などを中心に考察してきた。国有独資公司には会社機関として取締役会，監査役会が設けられている。また，『公司法』ではそれぞれの構成と権限について明白に定められている。そこにおける株主総会，取締役

会，監査役会は「新三会」とも呼ばれる。それ以外に，国有独資公司には企業内党委員会，工会（労働組合），従業員代表大会の「旧三会」という組織も同時に存在する。特に，企業内党委員会（トップを党委書記と呼ぶ）は従来の国営企業時代から今日に至るまで常に大きな権力を発揮してきた。法律・法規に従えば，企業内党委員会の役割は党と国家の方針・政策を企業が実施しているかどうかを監督・監視し，しかもそれを実施するように指導・保証させるための組織である。一方，法律・法規からみる限り，企業内党委員会は企業経営には直接関与しないことになっている[21]。しかし，党委書記の権限が経営者の権限を超越したり，企業内での主導権をめぐって，党委書記と経営者の間に摩擦が生じたりすることも，実際に発生しうるし，党委書記と経営者との力関係は極めて微妙で複雑であるともいえる。このような背景のもとで，中国共産党第15期4中全会（1999年）では，国有独資公司及び国有持株会社には党委書記が代表取締役を兼任可能であることを明示している。これが1999年以前では，党委書記と代表取締役（企業経営者）はそれぞれ異なる職務であり，その役割も異なっている。党委書記が代表取締役を兼任することで，企業内部に存在した政治と経営管理との二重支配体制や党委書記と経営者の力関係の複雑さが解消できると考えられる。しかし，同時にその反面，党による企業経営への関与は依然として根強く企業経営に関する党の影響力がさらに拡大しているといっても過言ではないといえる。また，会社の意思決定において，会社の方針が党の方針と対立する場合には，どのように意思決定が行われるかなどについては興味深い問題として残る。

国有独資公司において，取締役会と監査役会は同等なレベルで，共に国資委に対し責任を負う仕組みである。つまり，充分な監査を行うためには，監査役会の構成員の地位は取締役会の構成員の地位と同等な立場が必要である。企業統治において，取締役会による監査役会の構成員の任命，さらに取締役会の構成員と監査役会の構成員の上司と部下の関係になっては合理的な監査を行うことは不可能であることが明白である。上海華誼（集団）公司の事例をみる限り，国有独資公司においてそのような現象は既にクリアされているといえる。監査役会主席は党紀律委員会書記であり，党委書記である代

表取締役の部下であるとは言えない。つまり，監査役会主席と代表取締役とは被指導，被支配の関係ではないのである。企業内党組織からみても，党紀律委員会書記は党委書記を監督・監視する立場であり，監督者と被監督者の関係である。しかし，企業経営においてもこのような党の構図が必要かどうかは今後とも議論するだけの価値があると思う。党組織は企業の政治的核心事項である。党組織が企業に対し監督権を行使することは企業統治の阻害要因にもなりうる恐れがある。党組織は取締役会の党員構成員を党内監督体制で行うべきである。監査役会は会計監査と業務監査を行う監督機関で，党紀律委員会は党の監督機関で，両方ともそれぞれの別の役割があり，明確に区別すべきであろうと思う。党内監督と経営業務の監督を一緒に行うべきではないと思われるからである。国有独資公司において，「党企混在」は依然として存在しているといえるであろう。

次に，国有独資公司の企業統治のもう1つの重要な課題として，監査役会の未熟さの問題がある。2006年1月1日から実施された『公司法』では，国有独資公司において，企業統治を目的に監査役会の重要性が強調され，その内容として具体的に次の事項が挙げられている。まず，監査役会の構成員に関する規模の拡大がある。従来の『公司法』の「監査役会の構成員は3人を下回ってはならない」を2006年から実施された『公司法』では「監査役会の構成員は5人を下回ってはならない」と改訂しており，構成員の人数を拡大しているからである。また，2006年以前の『公司法』では「監査役会に従業員代表の参加を必要とする」ことのみを定めていたが，2006年から実施された『公司法』ではその比率と選出プロセスを詳細に，且つ明確に定めている。さらに次に注目したいのは，監査役会の権限の強化である。2006年から実施された『公司法』では「取締役，高級管理職が法律・法規，または株主会の決議に違反した場合，監査役会は取締役・高級管理職の罷免提案を提出する」と新しく定め，監査役会に罷免提案権の権限を付与したからである。上述したように，2006年から実施された『公司法』は国有独資公司における監査役会の構成員の人数，従業員代表の割合とその選出プロセスを明確に定めており，監査役会の権限範囲も拡大させるなど監査役会制度を大

きく改善し，監査役会制度を整えたのである。但し，監査役会の権限範囲の拡大など監査役会制度が整ったとしても現実にそれが実施されているとは言い切れない面もある。事例分析で取り上げた上海華誼（集団）公司の監査役会の権限には取締役会の取締役，経営陣の罷免提案権は定められていないからである。

　監査役会は会社の監督機関である。有効な監督を行うためには，監査役会の構成員に一定の専門知識と能力が求められることは明白である。監査役会の構成員は会社の財務と経営状況の監督を行うが，そのためには関連する会計・法律・経営知識，また会社の業務に関する知識が必要である。つまり，合理的な監査には，監査役会の構成員による仕事能力，専門知識，監督手段が極めて重要なのである。上海華誼（集団）公司の監査役会の構成員は2人のみであった。しかも，監査役会主席は上海華誼（集団）公司の党紀律委員会書記であり，上海華誼（集団）公司の子会社3社の監査役会主席を兼任している。従業員代表監査役は上海華誼（集団）公司の子会社の党委書記と代表取締役を兼任している。このような多重な兼任は限られた時間と労力の範囲内での監督の仕事に必ず負の影響をもたらし，合理的な監督を行うには極めて難しいものとなっているはずである。また，監査役会主席は党紀律委員会書記であり，一方の従業員代表監査役は元工会副主席であるが，財務会計と法律に関する監査役会における最も重要な知識に精通しているかどうか疑問が感じられるところでもある。つまり，以上の上海華誼（集団）公司の事例分析から，中国国有独資公司の企業統治は完全株式制転換を果たした国有企業（国有企業から株式制企業への転換を果たした国有企業）の企業統治に比較していくつかの特殊性があるといえる。

注
1　加護野忠男（1992）「会社制度とガバナンス」『松山大学論集』第4巻第3号，147頁。
2　小佐野広（2001）『コーポレート・ガバナンスの経営学』日本経済新聞社，1頁。
3　2006年1月1日以降から実施された『公司法』はその前の『公司法』より国有独資公司の内部統治について具体的に規定しており，国有独資公司における国有資産監督管理機構の役割を強調している。
4　金山権「国有資産監督・管理委員会」座間紘一編著（2006）『中国国有企業の改革と再編』第3章，54-56頁。

5 谢鲁江・刘解龙・曹虹剑（2008）『国企改革 30 年（1978-2008）－走向市场经济的中国国有企业』湖南人民出版社，191-193 頁。
6 谢鲁江・刘解龙・曹虹剑（2008），345 頁。
7 谢鲁江・刘解龙・曹虹剑（2008），346 頁。
8 「三分離」とは，政企分離，政資分離，所有権と経営権の分離である。「三統一」とは，権利，義務と責任の統一である。「三結合」とは，資産管理，人事管理，業務管理の結合である。これらは，国有企業内部法人統治構造に堅実な基礎を築き上げた。（王政：「国企改革 30 年：攻坚破難路更寛」「人民日报」2008 年 10 月 3 日）。
9 1990 年代に実施された『公司法』から国有独資公司に取締役会の設置が求められた。中国の国有大型独資企業の設立は 1988 年の『工業企業法』から始まった。しかし，当時の国有大型独資企業は取締役会を設けていなかった。
10 刘长琨（2008）「外派监事会：国有企业监督机制的改革与创新」『董事会』2008 年第 9 期，52-54 頁。
11 刘长琨（2008）同上，52-54 頁。
12 谢鲁江・刘解龙・曹虹剑（2008），197-207 頁，304 頁を参照。
13 金山権（2006）「国有資産監督・管理委員会」『中国国有企業の改革と再編』（座間紘一編）第 3 章，学文社，58-63 頁。
14 徐传谌・庄慧彬（2008）「论国有资产出资人制度的完善」『长白学刊』2008 年第 2 期，76-78 頁。
15 上海華誼集団はグループ企業であり，化工関連の製品と生物医薬に関連する製品を主に扱っている。2007 年現在，従業員は 4 万名弱で，総資産額は 360 億元，工業総生産高は 420 億元，売上高は 320 億元，輸出額は 9.2 億ドルを達成し，アジア化工産業の第 21 位，中国製造業ベスト 500 社の第 61 位，全国化学原料及び化学品製造業の第 1 位を占めている。上海華誼（集団）公司のパンフレット（中国語）による。
16 2009 年 3 月の社内インタビューによる。
17 2010 年 3 月の社内インタビューによる。
18 上海華誼（集団）公司は双钱集団株式有限公司，上海氯碱化工株式有限公司，上海三愛富新材料株式有限公司の 3 社の上場会社を有している。
19 上海華誼（集団）公司の資料によるもの。
20 上海華誼（集団）公司の資料によるもの。
21 1988 年の「中華人民共和国全民所有制工業企業法」では，企業は工場長（社長）責任制を実施し，工場長は企業の法定代表者で，生産経営のトップであると定めた。

あとがき

　本書は，主に中国の上場会社における「年次報告書」のデータに基づいて，上場会社に対する大株主の影響力を探究したものである。本書で明らかになったことは，中国の上場会社において，大株主（特に筆頭株主）の影響力があまりにも大きいことである。「一株独大」の株式所有構造は緩和されつつあるものの，依然として筆頭株主の割合が極めて高いからである。

　このような背景のもとで，中国の上場会社では大株主による組織的ガバナンスが行われる土壌が生まれていると考えられる。上場会社の半数以上を占める社内取締役と7割以上の代表取締役は大株主からの派遣であり，そのうち大多数は筆頭株主からの派遣である。大株主（特に筆頭株主）は「人的コントロール」を通じて，意思決定機関である取締役会に多大な影響力を行使できることが証明されたと思う。つまり，中国の上場会社ではBerle and Means（1932）が指摘したようないわゆる所有と経営が完全に分離されているとは言えない状況なのである。

　同時に，大株主（特に筆頭株主）と監査役も密接な関連性を持っていることが明らかになった。4割以上の監査役が大株主の派遣であり，その大多数は筆頭株主からの派遣なのである。また，半数以上の監査役会主席と3割以上の監査役が当該会社の監査役という職務以外に，大株主で職務を兼務している。筆頭株主での職務の兼務状況を見た場合，監査役会主席は4割以上，監査役は2割以上の割合を上っている。監査役が大株主で兼務している職務のうち，最も多いのが財務・証券・法律関係業務である。

　上述したように，大株主（特に筆頭株主）は，上場会社の取締役会に多くの取締役を派遣して，会社の経営に直接的，または間接的に関与しているだけに留まらない。大株主（特に筆頭株主）は，自ら派遣した取締役を監督・

監視するために，最も信頼できると思われる内部関係者を監査役会に送り込み，モニタリング・コストの最小限を図りながら，自ら派遣した取締役を牽制しているのである。

　但し，大株主から派遣された取締役であろうと監査役であろうと，必ずしも大株主の利益最大化のための経営を行うとは限らない。両者の間での利害の不一致，情報の非対称性によって，大株主から派遣された取締役，監査役が大株主の利益と相反する経営行動を行う可能性も十分にあり得るのである。従って，大株主の利益のために最大限努力させるためには，大株主は何らかの手段を用いて，自ら派遣した取締役，監査役をさらに牽制する必要があるはずである。このため中国の上場会社で用いられる手段として浮かび上がっているのが大株主による取締役，監査役に対する報酬・手当制度の完全な掌握である。上場会社200社のうち，99社においては社内取締役の半数以上が株主単位・或いはその他関連単位から報酬・手当が支給されている。さらにまた，監査役会においても半数以上の監査役が株主単位・或いはその他関連単位から報酬・手当が受給されている会社は，上場会社200社のうち73社に上っているのである。しかも，3割以上の社内取締役，監査役の報酬・手当は当該会社と全く関係なく，株主単位・或いはその他関連単位で評価・決定され，支給されているというのが現実なのである

　このような状況では，当然大株主（特に筆頭株主）の利益が最優先される土壌が生まれ，大株主は容易に自己利益の最大化を図ることができる。それと同時に逆に，当該会社の利益，中小株主の権益が被害を受ける危険性が生じるのである。実際に，中国の上場会社では，大株主による当該会社の利益，或いは中小株主を含む他の利害関係者の利益の侵害という企業不祥事が多数発生している。

　総じて，中国の上場会社における企業統治の問題として，如何に大株主の影響力を抑制し，中小株主を含む他の利害関係者の権益を保護するかが，最大の課題となっているのである。

　一方，制度面からは，中小株主の権益の保護，従業員の権益の保護のため，独立取締役，従業員代表監査役制度を導入しているものの，現状では，

彼らが本来期待される役割を果たすことが難しい環境に置かれていることも明らかなのである。

　他方，本書では国有資本参加企業と非国有資本参加企業において，大株主の利益の最大化を図るための構図がかなり異なる仕組みであることも明らかになったのである。国有資本参加企業では，非国有資本参加企業に比べて，① より多くの監査役を派遣すること，② 取締役・監査役に対する報酬・手当のより強い掌握，これらの二点に重点を置きながら，大株主の利益の最大化を図ろうとしているのである。これに対して，非国有資本参加企業では，派遣した取締役に総経理を兼任させることや，株権によるインセンティブという手段の積極的な導入，などに重点を置いていることも明らかとなっている。

　本書で明らかになり，上述したような分析結果が今後の中国の企業統治問題を考察するさいの一助となれば幸いである。但し，これらの分析結果を検証するには「年次報告書」のデータのみならず，さらにその他のアプローチ，例えばアンケート調査，インタビュー調査を含めた多様な分析が必要であろうと考えられる。

　本書を書き終えたいま，著者として多くの研究課題が残されていることを強く感じている。内容の一部においては残念ながら表面的な分析に留まるなど分析・研究がまだ不十分のままであり，さらに深い分析・研究が必要であろうと思う。本書のテーマは，中国の上場会社の企業統治を理解するのに，極めて重要であると確信している。今後ともさらに深く解明するところが多いと思う。本書では，時間の制約，データの制約から，十分な分析ができなかった点については，今後とも引き続き研究を深めていきたいと願っている。

主要参考文献

【日本語文献】

伊丹敬之・藤本隆宏・岡崎哲二・伊藤秀史・沼上幹編（2005）『リーディングス　日本の企業システム　第Ⅱ期第2巻　企業とガバナンス』有斐閣。

稲上毅・森淳二朗（2004）『コーポレート・ガバナンスと従業員』東洋経済新報社。

尹秀鐘（2008）「中国・日本における独立取締役・社外取締役制度の導入の背景と立法モデル」『法学政治学論究』第76号, 2008年3月。

王保樹（2011）「中国における独立董事（独立取締役）制度の運用に関する留意点」『監査役』No.587 2011.8.25。

大平浩二他（2010）「中国企業の経営者意識とコーポレート・ガバナンス」『研究所年報』（明治学院大学）27号。

大平浩二他（2011）「中国企業の経営者とガバナンス」『研究所年報』（明治学院大学）28号。

大平浩二（2013）「日本企業のコーポレート・ガバナンス―オリンパスの不祥事が意味するもの―」『経営哲学』（経営哲学学会）第10巻2号, 2013.8。

海道ノブチカ・風間信隆（2009）『コーポレート・ガバナンスと経営学―グローバリゼーション下の変化と多様性―』ミネルヴァ書房。

海道ノブチカ（2013）『ドイツのコーポレート・ガバナンス』中央経済社。

加護野忠男（1992）「会社制度とガバナンス」『松山大学論集』第4巻第3号。

加護野忠男・砂川伸幸・吉村典久（2010）『コーポレート・ガバナンスの経営学―会社統治の新しいパラダイム―』有斐閣。

金山権（2008）『中国企業統治論―集中的所有との関連を中心に―』学文社。

金山権（2010）「"股改"を伴う中国企業の統治構造と企業統治構造の3モデル」『桜美林大学産業研究所年報』（桜美林大学産業研究所）第28号, 2010.3。

金山権（2012）「中国における国有改革の歴史と課題―伝統的観念からの脱却と企業形態の変化―」『経営行動研究年報』（2012）（経営行動研究学会）2012年7月。

川井伸一（2003）『中国上場企業―内部者支配のガバナンス―』創土社。

神田秀樹・小野傑・石田晋也（2011）『コーポレート・ガバナンスの展望』中央経済社。

神田秀樹（2015）『会社法入門　新版』岩波書店。

菊澤研宗（2003）「エージェンシー理論からみたガバナンス」林昇一・高橋幸宏（編）『戦略経営ハンドブック』中央経済社。

菊澤研宗（2010）『比較コーポレート・ガバナンス論―組織の経済学アプローチ』有斐閣。

菊池敏夫・平田光弘（2004）『企業統治の国際比較』文眞堂。

菊池敏夫（2007）『現代企業論―責任と統治―』中央経済社。

菊池敏夫・平田光弘・厚東偉介（2008）『企業の責任・統治・再生―国際比較の視点―』文眞堂。

菊池敏夫・金山権・新川本（2014）『企業統治論―東アジアを中心に―』税務経理協会。

裘索（2007）『中国の会社法　新旧「公司法」条文の比較と要点解説』中央経済社。

久保克行（2010）『コーポレート・ガバナンス　経営者の交代と報酬はどうあるべきか』日本経済新聞出版社。

小佐野広（2001）『コーポレート・ガバナンスの経営学』日本経済新聞社。

近藤光男（2014）『会社法の仕組み』日本経済新聞出版社．
佐久間信夫（1998）『企業集団支配とコーポレート・ガバナンス』文眞堂．
佐久間信夫編（2005）『アジアのコーポレート・ガバナンス』学文社．
座間紘一編（2006）『中国国有企業の改革と再編』学文社．
田中信行（2009）「中国株の急落と株式会社の改革」『中国研究月報』第 63 巻第 3 号．
田中亘（2013）「日本のコーポレート・ガバナンスの課題―「大きな取締役会」の後に来るもの」『監査役』No.612 2013. 4. 25．
田村達也（2002）『コーポレート・ガバナンス』中央公論新社．
陳小洪（2011）「国有企業改革の推進に関する重点分野」『季刊 中国資本市場研究』2011 年夏号 第 5 巻第 2 号（通巻 18 号）公益財団法人野村財団．
土屋守章・岡本久吉（2004）『コーポレート・ガバナンス論』有斐閣．
董光哲（2011）「企業統治と社外取締役」『情報と社会』（江戸川大学紀要）第 21 号．
董光哲（2011）「中国国有独資公司の企業統治に関する考察―国有独資公司の董事会，監事会の選出と構成を中心に―」『経営行動研究年報』（経営行動研究学会）2011 年．
董光哲（2013）「中国の上場会社における監査役の内部的性格に関する研究―上場会社サンプル 150 社の分析を中心に―」『経営哲学』（経営哲学学会）第 10 巻 2 号，2013. 8．
董光哲（2014）「中国の企業統治システムにおける独立取締役の役割―上場会社サンプル 150 社の分析を中心に―」『経営行動研究年報』（経営行動研究学会）2014. 7. 31．
中井誠（2010）「近年におけるアメリカの役員報酬とコーポレート・ガバナンス改革」『四天王寺大学紀要』第 50 号，2010 年 9 月．
中川涼司・高久保豊編（2009）『東アジアの企業経営―多様化するビジネスモデル―』ミネルヴァ書房．
白涛（2005）「中国における企業統治システムの構造―上場企業を中心に―」『経営哲学』（経営哲学学会）第 2 巻，2005 年 8 月．
花崎正晴（2014）『コーポレート・ガバナンス』岩波書店．
平田光弘（2008）『経営者自己統治論―社会に信頼される企業の形成』中央経済社．
深尾光洋・森田泰子（1999）『企業ガバナンス構造の国際比較』日本経済新聞社．
古川順一・容和平・陳藹芳（2006）「中国企業の企業統治―企業アンケートからみる独立取締役制度の実態と課題を中心として―」『東京国際大学論叢』商学部編 第 73 号，2006 年 3 月．
方新（2010）「中国における監査役制度と運用状況―日中の制度比較を中心として」（上）『監査役』No.570, 2010. 5. 25．
「中国における監査役制度と運用状況―日中の制度比較を中心として」（中）『監査役』No.571, 2010. 6. 25．
「中国における監査役制度と運用状況―日中の制度比較を中心として」（下）『監査役』No.572, 2010. 7. 25．
毛衛兵（2011）「中国上場企業（製造業）における株式所有構造と株主価値との実証分析」*THE INSTITUTE OF ECONOMIC RESEARCH*, Chuo University, Discussion Paper Series No.172．
森・濱田松本法律事務所（2015）『コーポレートガバナンスの新しいスタンダード』日本経済新聞出版社．
吉村典久（2012）『会社を支配するのは誰か―日本の企業統治―』講談社．
李東浩（2008）『中国の企業統治制度』中央経済社．
劉永鴿（2012）「「股権分置」改革と中国のコーポレートガバナンス」『比較経営研究』（日本比較経営学会）第 36 号，2012. 7．

劉平（2003）「中国企業の経営者報酬制度」『中国研究月報』57（1），2003 年 1 月 25 日，一般社団法人中国研究所．

【中国語文献】

陈九振（2010）『独立董事制度的理论与实践』知识产权出版社．
陳力生（2008）「企业内部控制评价主体的构建」『商场现代化』2008 年 1 月（中旬刊）总第 527 期．
杜琰（2009）『我国独立董事制度作用及低效成因研究』河南大学出版社．
党文娟（2010）『独立董事制度，治理行为与激励机制研究』中国社会科学出版社．
董佰壹（2008）「论我国独立董事与监事会的冲突与协调」『河北大学学报』（哲学社会科学版）2008 年第 5 期第 33 卷（总第 143 期）．
法律出版社法规中心编（2014）『2014 中国人民共和国上市公司法律法规全书（含相关政策）』法律出版社．
郭金林（2012）『国有及国有控股公司治理研究—产权契约分析的视角』经济管理出版社．
郝臣（2009）『中国上市公司治理案例』中国发展出版社．
贺强・李俊峰・黄锐光・于水（2011）『我国上市公司重大问题研究』经济科学出版社．
李国荣・彭松建主编（2008）『民营经济概论』北京大学出版社．
李克成（2004）「中国石油董事会的运作与体会」『管理世界』2004 年第 9 期．
李爽・吴溪（2003）「盈余管理，审计意见与监事会态度—评监事会在我国公司治理中的作用」『审计研究』2004 年第 4 期．
李维安・王世权（2005）「中国上市公司监事会治理绩效评价与实证研究」『南开管理评论』2005 年第 1 期．
林大庞・苏冬蔚（2011）「股权激励与公司业绩—基于盈余管理视角的新研究」『金融研究』2011 年第 9 期（总第 375 期）．
刘长琨（2008）「外派监事会：国有企业监督机制的改革与创新」『董事会』2008 年第 9 期．
刘李胜（2009）『上市公司治理：独立董事制度』中国时代经济出版社．
刘善敏（2008）「监事会独立性与监督功能的实证研究」『宏观经济研究』2008 年第 8 期．
刘阳（2012）『制度制约下的上市公司高管变更的研究—基于中国上市公司的经验数据』西南财经大学出版社．
刘银国（2004）「基于博弈分析的上市公司监事会研究」『管理世界』2004 年第 6 期．
罗栋梁・周为勇・刘昌炜（2003）「独立董事制度与公司业绩的实证研究」『统计与决策』2003 年第 11 期．
骆品亮・周勇・郭晖（2004）「独立董事制度与公司业绩的相关性分析来自沪市 A 股的实证研究」『上海管理科学』2004 年第 2 期．
马施・李毓萍（2009）「监事会特征与信息披露质量—来自深交所的经验证据」『东北师大学报』（哲学社会科学版）2009 年第 6 期总第 242 期．
马永斌（2010）『公司治理与股权激励』清华大学出版社．
宁向东（2008）『公司治理理论』中国发展出版社．
牛国良（2008）『企业制度与公司治理』清华大学出版社・北京交通大学出版社．
上海证券交易所研究中心（2012）『中国公司治理报告（2011）』上海人民出版社．
邵东亚（2003）「公司治理的机制与绩效：案例分析与制度反思」『管理世界』2003 年第 12 期．
邵少敏・吴沧澜・林伟（2004）「独立董事和董事会结构，股权结构研究：以浙江省上市公司为例」『世界经济』2004 年第 2 期．
申富平・韩巧艳・赵红梅（2007）「我国上市公司独立董事制度实施现状分析—以河北，浙江，云南和甘肃省为例」『审计研究』2007（3）．

施星辉（2001）「32 位独立董事问卷调查—怎么当一名合格的独立董事？」『中国企业家』2001 年 7 月。
孙春晓（2013）『公司治理，剥离决策与剥离绩效关系研究』经济科学出版社。
唐锦忠（2011）『公司治理：一道企业家迈不过的坎』机械工业出版社。
王爱君（2008）『国企改制后的治理问题研究—一个关于企业所有权安排的分析框架』上海三联书店。
王保树（2003）「竞争与发展：公司法改革面临的主题」『现代法学』2003 年 第三期。
王世权・李维安（2009）「监事会治理理论的研究脉络及进展」『产业经济评论』第 8 卷第 1 辑 2009 年 3 月。
王跃堂・赵子夜・魏晓雁（2006）「独立董事独立性是否影响公司绩效」『经济研究』2006 年第 9 期。
魏刚（2001）『中国上市公司股利分配问题研究』东北财经大学出版社。
吴育辉・吴世农（2010）「高管薪酬：激励还是自利？—来自中国上市公司的证据」『会计研究』2010. 11。
向朝进・谢明（2003）「我国上市公司绩效与公司治理结构关系的实证分析」『管理世界』2003 年 5 期。
肖曙光（2006）「独立董事是否影响上市公司业绩的实证研究」『湖南商学院学报』（双月刊）2006 年第 6 期。
谢鲁江・刘解龙・曹虹剑（2008）『国企改革 30 年（1978～2008）—走向市场经济的中国国有企业』湖南人民出版社。
《新〈公司法〉背景下改进监事会工作研究》编委会编（2007）『新《公司法》背景下改进监事会工作研究』石油工业出版社。
徐传谌・庄慧彬（2008）「论国有资产出资人制度的完善」『长白学刊』2008 年第 2 期。
徐淋・刘春林・杨昕悦（2015）「高层管理团队薪酬差异对公司绩效的影响—基于环境不确定的调节作用」『经济管理』Vol.37 No.4 2015 年第 4 期（总第 532 期）。
闫长乐・张永泽（2012）『国有企业改革与发展研究』中国经济出版社。
杨洁・郑军・承龙（2004）「独立董事制度与公司绩效」『经济学动态』2004 年第 12 期。
余银波（2009）「监事会治理对公司信息披露质量的影响—基于深市民营上市公司的实证研究」『科技情报开发与经济』2009 年第 19 卷第 21 期。
袁萍・刘士余・高峰（2006）「关于中国上市公司董事会，监事会与公司业绩的研究」『金融研究』2006 年第 6 期（总第 312 期）。
张文魁（2007）『中国国有企业产权改革与公司治理转型』中国发展出版社。
张文魁（2010）『中国混合所有制企业的兴起及其公司治理研究』经济科学出版社。
张一赫（2003）「试论监事会与独立董事制度的功能性互补：反思与重构」『当代法学』2003 年第五期。
张银杰（2010）『公司治理 现代企业制度新论』上海财经大学出版社。
周建波・孙菊生（2003）「经营者股权激励的治理效应研究—来自中国上市公司的经验证据」『经济研究』2003 年 5 期。

【英语文献】

Bebchuk L.A., J. M. Fried, D. I. Walker (2002), "Managerial Power and Rent Extraction in the Design of Executive Compensation," *University of Chicago Law Review*, 69 (3).
Bebchuk L. A. and J. M. Fried (2003), "Executive Compensation as an Agency Problem," *Journal of Economic Perpectives*, 17 (3).
Bhagat Sanjai, and Bernald Black (1999), "The Uncertain Relationship between Board Composition and Firm Performance," *Business Lawyer*, Vol.54.
Charlie Weir, David Laning (2001), "Governance Structure, Director Independence and

Corporate Performance in the UK", *European Business Review*, 2001: (13) 86-96.

Furlong, J. (1977), *Labor in the Boardroom*, Daw Jones Books.

Fosberg, R.H (1989), "Outside Directors and Managerial Monitoring", *ABER* [J]. 1989. Vol.20, Summer.

Hernalin and Weisbach (2001), "Boards of Directors as an Endogenously Determined Institution: A Survey of the Economic Literature", *National of Bureau of Economic Research*, 2001, Working Paper 8161.

Holderness (2002), "A Survey of stockholders and Corporate Control", *FEBNY Economic policy review*, Forthcoming.

Hill, C.W.L. and S.A. Snell (1988), "Effects of Ownership Structure on Corporate Productivity" [J]. *Academy of Management Journal*, 1988, 32.

Jensen M. and W. Meckling (1976), "Theory of the Firm: Managerial Behavior, Agency Costs, and Ownership Structure", *Journal of Financial Economics*, 3.

Jensen,M.C (2000), *A Theory of The Firm: Governance, Residual Claims, and Organizational Forms*, Harvard University Press.

Laura Lin (1996), the Effectiveness of Outside Directors as a Corporate Governance Mechanism: *Theories and Evidence* [J], 1996.

Morgan A. G. and A. B. Poulsen (2001), "Linking Pay to Performance Compensation Proposals in the S&P500", *Journal of Financial Economics*, 62.

Pearce, J.A. and Zahra, S. A. (1991), "The relative power of CEOs and Boards of directors: Associations with corporate performance", *Strategic Management Journal*, 12.

Pejovich, S. (1995), *Economic Analysis of Institutions and Systems*, Kluwer Academic Publishers.

初出論文

　各章の初出論文一覧は以下の通りである。但し，本書の内容にあたり各論文をベースに加筆，補正し，それぞれを部分的に書き改めている。

第1章　「中国の上場会社における会社機関の構造と運用に関する一考察―取締役会と監査役会を中心に―」『江戸川大学紀要』第25号，2015年，江戸川大学

第2章　「中国の上場会社における監査役の内部的性格に関する研究―上場会社サンプル150社の分析を中心に―」『経営哲学』第10巻2号，2013年，経営哲学学会

第3章　「中国の企業統治システムにおける独立取締役の役割―上場会社サンプル150社の分析を中心に―」『経営行動研究年報』第23号，2014年，経営行動研究学会

第4章　「中国の上場会社における大株主の影響力に関する考察―上場会社240社の所有制別の比較分析―」『江戸川大学紀要』第27号，2017年，江戸川大学

第5章　「中国の上場会社における報酬システムに関する考察―上場会社サンプル200社の分析を中心に―」『国際総合研究学会報』第13号，2017年，国際総合研究学会

第6章　「中国国有独資公司の企業統治に関する考察―国有独資公司の董事会，監事会の選出と構成を中心に―」『経営行動研究年報』第20号，2011年，経営行動研究学会

索　引

【数字・アルファベット】

A株　63

【ア行】

アラインメント効果　122
アングロ・サクソン　24, 27, 33
意思決定　2, 5, 6, 9, 13, 16, 20, 30, 32, 33, 51, 56, 64, 65, 67, 71, 73, 83, 89, 101, 114, 115, 120-122, 157, 163, 164, 169, 174-176, 180, 182, 184
意思決定機関　2, 9, 24, 33, 39, 62, 83, 120, 165, 169
意思決定権　165, 168
意思決定者　116
委託―委託―代理　177
委託―代理　2, 59, 123, 159, 162, 175
　　――関係　27, 176
　　――コスト　123
　　――問題　27, 118
　　――理論　28
一層制システム　1
委任状　7
インセンティブ　39, 119, 122-133, 158
　　――メカニズム　125
請負経営責任制　166
営業利益　7, 17
エージェンシー　119
　　――関係　26, 27
　　――コスト　114
　　――問題　25, 26, 28, 112, 113, 115
エージェント　26
大型国有企業　165
大株主　4, 24-31, 37-39, 41, 43, 48, 50-52, 58-60, 70-74, 76, 80-84, 89, 91, 93, 95, 97, 99-107, 109-116, 118-121, 132, 133, 157
　　――支配　120, 157-159
　　――支配モデル　83, 119, 120
　　――利益　159, 160
親会社　72, 120, 176

【カ行】

改革・開放　123, 124
会計監査　27, 48, 165, 173, 182, 185
　　――人　112
会計専門家　10
会社支配　29
会社定款　13, 18
外部監査機構　11
外部取締役　133, 180-182
ガバナンス　121, 122, 162
株価　122, 126-128
　　――連動型報酬制度　126
株権によるインセンティブ　122-125, 127, 130-134, 141, 142, 158, 159, 160
株主　24, 28, 70, 88, 112, 126, 127, 131, 133, 134, 154
　　――会社　1, 2, 4, 5, 7, 13, 16, 18, 19, 33, 38, 58, 59, 74, 80, 112, 118, 119, 128, 129
　　――価値増加権利　127
　　――市場　112, 127, 128
　　――収益率　122
　　――所有　57, 58
　　――所有構造　4, 14, 24, 27, 38, 57, 58, 69, 70, 73, 75, 77, 80-84, 88, 111, 112, 115, 118, 121, 157
　　――所有集中度　84, 85, 87, 88
　　――所有比率　4, 93
　　――制　80
　　――制企業　81, 82, 87, 120, 186
　　――制転換　186
　　――制導入　81
　　――多数決　74
　　――の所有集中度　58
　　――の分散化　85
　　――ベース報酬制度　124

198　索　引

——有限公司　5
——流通市場　125
株主　2, 5, 24, 26, 27, 31, 38, 54, 56, 58-60, 80, 89, 111, 112, 115, 119-123, 128, 131, 158, 176, 177
——会　5, 164, 168, 180, 185
——至上主義　60
——総会　2, 5, 6, 10, 12, 13, 18, 27, 31, 32, 38, 56, 58, 70, 73-76, 80, 83, 89, 120, 128-133, 163, 164, 168, 183
——総会会議　18
——代表　13, 38
——単位　134-139, 142-145, 147-150, 152, 154, 156-158
——優先　33
——利益　27
——利益重視　131
監査委員会　1, 2, 9-12, 23, 29, 30, 76
監査等委員会設置会社　9
監査法人　112
監査役　13-16, 24, 28, 30-32, 35-39, 41, 43, 45-48, 50-52, 56, 107, 109-111, 114, 115, 118-121, 128, 129, 131, 133, 134, 147-150, 152, 154-159, 164, 175, 182
——会　1, 2, 9, 12-21, 23, 27, 29-33, 35, 38, 39, 43, 51, 52, 56, 80, 83, 88, 114, 115, 120, 129, 131, 157, 163-165, 168, 172, 173, 176, 178, 179, 182-186
——会会議　15
——会決議　16
——会主席　15, 35, 38, 39, 43, 45, 47, 103-107, 109, 149, 154, 172, 182-184, 186
——会制度　28
——会設置会社　9, 13
——会副主席　15
——主席　46, 165
監督　1
——・監視システム　163
——機関　1, 9, 12, 13, 23, 83, 120, 165, 185, 186
——機能　1, 13, 23, 63, 68
——業務　30
——権　174, 178, 185
——権行使　168

——・牽制メカニズム　119
——権力　43
——専門機関　23
——補佐　55
——役割　75, 76
管理層　13
関連会社　72
関連取引コントロール委員会　9, 10
関連取引　59
機会費用　119
機関投資家　23
企業
——価値　88, 123, 158
——業績　62
——経営　2, 16, 19, 26-28, 31, 38, 68, 77, 113, 119, 121, 125
——経営者　31
——資産　32, 33
——集団公司　174
——所有者　119
——統治　1, 2, 12, 20, 21, 23, 24, 27, 29, 32, 33, 50-52, 54, 56, 58, 59, 63, 64, 70, 74-77, 80-84, 88, 112-115, 123, 127, 128, 162, 163, 168, 173, 175, 176, 178, 183-186
——統治構造　13, 32, 33, 80, 83, 113, 169
——統治システム　30, 80
——統治準則　55
——統治内部構造　123
——統治メカニズム　30
——統治問題　27
——内党委員会　184
——内党組織　185
——のパフォーマンス　88
——法　169, 170
——法人　81
——法人財産権　176
議決権　30, 126
擬似株式インセンティブ　126
基本報酬　125
旧三会　184
共産党委員会　24
共産党委書記　180
共産党委副書記　181
共産党紀律検査委員会　175

行政メカニズム　166, 167
業績
　——改善役割　63
　——考課　178
　——考課システム　133
　——考課指標　133
　——指標　122
　——評価　129, 130
　——評価考課システム　131
　——評価システム　131
　——評価指標　122
　——目標　126, 127
共同決定法　32
共同決定法制度　20
業務
　——監査　48, 165, 173, 182, 185
　——監督権　19
　——執行　1, 2, 6, 9, 13, 15, 16, 27, 71, 89, 113-115
　——執行機関　5, 19
　——執行者　116
経営
　——業績考課　175
　——計画　6
　——権　58, 59, 119, 166, 174, 177, 178
　——資源　82
　——執行権　168
　——者　23, 26, 59, 65, 66, 76, 80, 111, 112, 114, 115, 118, 119, 157, 158, 162, 166, 168, 179, 181, 184
　——支配　59
　——持株制度　124, 125
　——陣　2, 12, 19, 23, 27, 29, 35, 39, 40, 43, 46-48, 50, 56, 64, 70, 73, 75, 83, 89, 91, 93, 95, 97, 105-107, 109-114, 119, 120, 122, 123, 128, 131, 132, 158, 159, 166, 168, 186
　——責任者　170
　——層　2, 9
　——方針　168
経理人員　11, 12, 129
工会　170, 181, 184
考課委員会　9, 10
工会副主席　182, 186
考課基準　12

合議制　2, 9
高級管理者　59
高級管理職　131, 133-145, 185
高級管理人員　12, 15, 18, 27, 29, 30
航空安全と環境委員会　9, 10
考査委員会　2, 76
公司定款　55, 170, 182
公司党委　171
公司法　2, 5, 6, 8, 13-16, 19, 32, 33, 38, 46, 48, 51, 55, 56, 70, 71, 80, 89, 128, 134, 163, 164, 167, 168, 170, 173, 177, 182, 183, 185
工場長　169, 170
　——責任制　169
合法性監督　30
効用最大化　121
子会社　176, 178, 180, 182, 186
国営企業　184
国営工業企業　166
国資委　168-182, 184
国有
　——親会社　120, 121
　——株　58, 70, 80, 81, 82, 83, 87
　——企業　58, 68, 80-83, 87, 120, 165-169, 171, 175, 176, 181, 186
　——企業改革　80, 81, 166
　——資産　81, 134, 162, 164-168, 172-178, 180
　——資産監督管理委員会　162-166, 168, 170, 174, 177
　——資産監督管理機構　162, 163
　——資産管理局　166, 167
　——資産経営公司　174
　——資本　4, 80, 81, 82
　——資本参加企業　4, 9, 10, 14, 17, 20, 81, 82, 83, 88, 91, 93, 95, 97, 98, 101, 103, 106, 107, 109-115, 135-139, 141-143, 145, 146, 148, 149, 152, 155, 158-160, 180, 172
　——独資企業　167
　——独資公司　162-170, 172-178, 181-186
　——法人　4, 82
　——法人株　4, 14, 17, 70, 81, 83, 85-87, 141
　——持株会社　82, 169, 184
　——持株上場会社　125, 130, 133
股権分置改革　125

国家株　4, 14, 17, 70, 81-83, 85-87, 141
国家国有資産管理局　166
国家投資公司　174
コーポレート・ガバナンス　162
混合所有制企業　81, 82
混合所有制経済　81

【サ行】

債権者　27, 113, 115
最高意思決定機関　164
最高業務責任者　71
最高権力機関　38
財産権　167, 177
財務監督権　19, 29
財務・証券・法律関係　43, 50, 51
財務責任者　6, 180
三結合　168
三統一　168
三分離　168
資源配分制度　32
資産収益率　122
自社株買い戻し　131, 133
自社株式　125
自主経営権　166
執行監査役　179
執行機関　1, 2
執行取締役　179
執行役　12
──会　32
実質支配者　28
実質的支配者　134
実質的所有者　38
支配株主　24, 26, 33, 54, 56, 58-60, 70, 71, 74-76, 83, 88, 118, 120, 134
支配権　82, 84, 113, 123
──構造　84
支配構造　118, 120, 157
支配の大株主　83, 120
資本市場　127
資本提供者　122
指名委員会　9-12, 76
指名委員会等設置会社　9
諮問権　16
社外監査役　179

社会主義市場経済体制　167
社会主義体制　80
社会的責任　178
社外取締役　9, 54, 59, 60, 62, 63, 75, 112, 169, 179, 180,
社内取締役　4, 35, 36, 51, 64, 65, 68, 72, 74, 93, 95, 97-101, 111, 119, 134-138, 141-148, 150, 152, 154-159
収益最大化　119
従業員
──大会　19, 170
──代表　1, 4, 13, 19, 21, 32, 33, 48, 50, 164, 169, 170, 172, 173, 179, 181, 185
──代表監査役　19, 20, 35, 48, 49, 50, 51, 52, 128, 173, 182, 186
──代表大会　19, 164, 169, 170, 173, 184
──代表取締役　4, 128, 170, 171, 180, 181
私有制企業　82
集団化　177
集団合意性　16
集中監督業務　172
集中的株式所有構造　77, 89
集中的所有　24, 27, 28, 56-59, 73, 77, 81
──構造　24, 38, 70, 73, 121
授権範囲　7
出資関係　162
出資者　33, 81, 91, 93, 95, 97, 105, 109, 125, 162, 163, 165-171, 174, 176-178
──利益　19
純粋国有企業　82
上級管理者　6
上級管理職　50
証券取引所　60, 63
所有権理論　32
招集主宰権　18
召集人　10
上場会社　1-5, 7-10, 12, 14-17, 20, 21, 23-32, 36, 38, 39, 43, 46, 47, 48, 50-52, 54-66, 68-71, 77, 80, 81, 83-89, 91, 95, 97, 101, 107, 109, 111-116, 118-121, 124, 126-138, 141-143, 145, 147-150, 152, 154-159, 182
──企業統治準則　128
常設機関　13
譲渡制限株　126, 127, 130, 133, 141

情報の非確実性　113, 115
情報の非対称性　119, 121, 122
情報の不一致　26, 113, 115
情報の不確実性　112
賞与　124, 125
所有
　――形態　182
　――権　58, 59, 119-121, 126, 165-168, 174, 177, 179
　――者　80, 89, 118, 167, 169, 173
　――と経営　120
　――と経営の分離　75
　――と支配の分離　59
新株引受権　131, 133
新三会　184
人事監督権　29
人事権　6, 20
人的コントロール　83, 120
人的資源　19, 122
人的支配　169
ストック・オプション　123, 125-127, 130, 133, 141
　――制度　124
政企分離　176
攻めの経営　124
選任権　162
全民所有制企業　166
全民所有制工業企業　167
専門委員会　8-12, 21
専門経営者　112, 119, 163
戦略委員会　9-11, 76
総経理　6, 70, 71, 75, 98, 99, 101-103, 113, 128, 129, 180
相互監督　13
総裁　180, 182
組織型ガバナンス　38, 51
訴訟提起権　18

【タ行】
第2株主　4, 14, 84-87, 93, 95, 99, 100, 102-105, 107, 109
第3株主　4, 93, 95, 99, 100, 103-105, 107
第4株主　93, 95, 99, 100, 103, 104, 107, 109
第5株主　85, 93, 95, 99, 104, 107
第6株主　93, 95, 105, 107, 109
第7株主　93, 95, 104, 107
第8株主　95
第9株主　95, 99
第10株主　93, 95, 99, 107
大中型国有企業　82
代表取締役　6, 70, 71, 74, 89, 91, 93, 101-104, 111, 113, 138, 164, 165, 169, 178, 180-184, 186
代理コスト　119, 131, 159
単独株主　73, 77, 81, 84, 111, 112
中央管轄独資公司　171
中央企業　169
中間管理者　46
中小株主　24, 26-29, 51, 54-56, 59, 60, 68, 73, 75, 76, 77, 83, 113, 115, 134
長期インセンティブ　125
長期型インセンティブ報酬制度　122
調査特派員　172
提言権　16
同意権　20
党
　――委書記　47, 169, 181-184, 186
　――委副書記　47
　――企混在　185
　――紀律委員会　183
　――紀律委員会書記　182, 184, 186
　――組織　40, 46, 47, 50, 51
　――の幹部　40, 43, 45, 46, 89, 91, 93, 95, 97, 105-107, 109, 111
投資委員会　9
投資多様化企業　178, 179
登録資本金　163
独資企業　178
独資子会社　179, 180
特別職権　73, 74
独立意見　73
独立取締役　4, 9, 10, 21, 23, 28-30, 35, 36, 51, 54-56, 59-68, 70, 73-77, 113, 129, 131-133
　――意見　73
　――制度　28
トップ・マネジメント　19, 20, 32, 33, 73
取締役　4, 5, 7, 9-13, 15, 16, 18-20, 24-31, 35, 38, 46-48, 51, 52, 55, 56, 59, 60, 63, 65, 70-

72, 75, 76, 83, 89, 95, 98, 99-101, 103, 111-114, 118, 120, 121, 128, 129, 131-134, 170, 175, 180-182, 185, 186
――会　1-10, 12-14, 16, 18, 19, 21, 24, 27-31, 33, 38, 39, 46, 51, 52, 56, 58, 61-64, 68-77, 80, 83, 88, 89, 93, 111, 112, 114, 115, 120, 125, 128, 129, 131-133, 158, 163-165, 168-173, 176, 179-183, 185, 186
――会会議　6, 16
――会決議　6, 7
トンネル効果　27

【ナ行】

内部
――監査システム　24, 28
――監査制度　11, 28
――監督　30
――監督機関　39, 56
――管理機構　6
――者支配　59, 120, 121, 157-159, 165, 166
――統制制度　11
――統治　162
――統治システム　29
二層制システム　1, 12
年度監査報告書　172
年度財務予算案　6
年度報告書　4, 15, 60, 115, 116, 119, 141, 145
年俸制　124

【ハ行】

配当金　126
派遣取締役　72, 73
派遣母体　31, 95, 118, 121
発展委員会　9
パフォーマンス・シェア　126
非国有株　81, 87
非国有資本参加企業　4, 9, 10, 14, 17, 20, 81, 88, 91, 93, 95, 97, 100, 101, 103, 106, 107, 109, 111-115, 136-139, 141, 143, 145, 146, 148, 149, 152, 156, 158-160
非上場会社　126
筆頭株主　14, 17, 24-26, 28, 37-39, 43, 48, 49, 51, 52, 57, 58, 70-73, 82-87, 89, 91, 93, 95, 97, 99-105, 107, 109-115, 118, 121

一株独大　118
ひ孫会社　176
副総経理　6, 98, 99, 101, 103, 113, 128, 129
副総裁　180
副代表取締役　6, 164, 165, 169
不祥事　23, 26, 29, 43, 51, 52, 58
プリンシパル　26
放権譲利　166
報酬　122
――委員会　2, 9, 10, 12, 76, 133
――・インセンティブ　118, 119, 121, 124
――・考課委員会　125
――構成　122
――構造　122
――システム　132, 150
――制度　157
――体系　157
――・手当　134-139, 142-145, 147-150, 152, 154, 156-159
――と考課委員会　12, 129, 131, 132
法人財産権　174
法人代表者　178

【マ行】

孫会社　176
マネジメント　46
守りの経営　124
民営企業　82
民間資本　81, 82
持株会社　174, 175, 177, 180, 182
持株比率　13, 24, 57, 58, 70, 85-87, 121, 122, 132
モニタリング　28, 39, 59, 119, 121, 122
――・コスト　31, 38, 39, 43, 51
――・システム　31
モラル・ハザート　119

【ヤ行】

有価証券報告書　75
有限責任　80
――公司　5, 162, 163, 168

【ラ行】

利益共同体　158

利益最大化　31, 39, 118, 120, 121, 124
利益配当案　6
利害関係　19
　　——者　23, 24, 26-28, 33, 39, 51, 162
利改税　166
利害の不一致　26, 157

リスク管理委員会　9, 10
臨時株主総会　29
　　——会議　18, 16
臨時取締役会　182
労働者側代表　20, 32

著者紹介

董　光哲 (とう・こうてつ)
江戸川大学社会学部経営社会学科教授

2004年桜美林大学大学院国際学研究科博士後期課程修了（学術博士：Ph.D）
明治学院大学経済学部専任講師，江戸川大学社会学部准教授を経て，2015年より現職。
経営行動研究学会理事，国際総合研究学会監事。

（主要著書）
『経営資源の国際移転―日本型経営資源の中国への移転の研究―』（単著　文眞堂）
『日中対照　基本経営用語辞典』（単著　学文社）
『ステークホルダーの経営学―開かれた社会の到来―』（共著　中央経済社）
『企業統治論―東アジアを中心に―』（共著　税務経理協会）

中国の上場会社と大株主の影響力
―構造と実態―

2017年9月20日　第1版第1刷発行	検印省略

著　者　董　　光　哲

発行者　前　野　　　隆

発行所　株式会社　文　眞　堂
　　　　東京都新宿区早稲田鶴巻町533
　　　　電　話　03（3202）8480
　　　　FAX　03（3203）2638
　　　　http://www.bunshin-do.co.jp
　　　　郵便番号(162-0041)　振替00120-2-96437

印刷・モリモト印刷／製本・イマキ製本所
©2017　定価はカバー裏に表示してあります
ISBN978-4-8309-4959-3 C3034